经济的逻辑

THE LOGIC OF ECONOMY

黄威○著

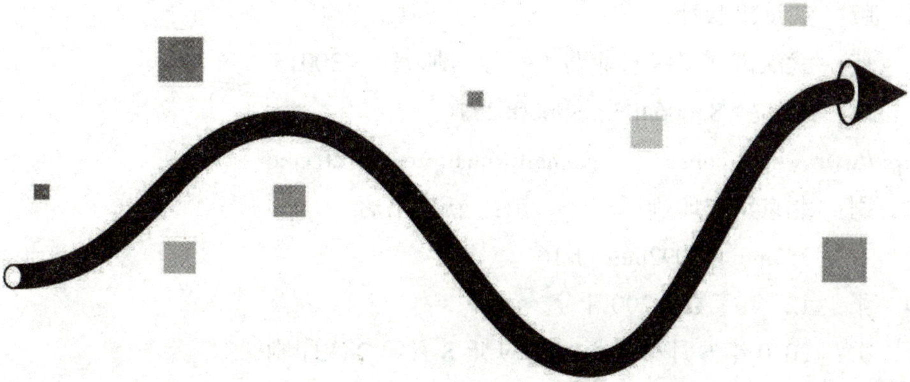

武汉出版社
WUHAN PUBLISHING HOUSE

（鄂）新登字 08 号

图书在版编目（CIP）数据

经济的逻辑 / 黄威著．—武汉：武汉出版社，
2010.6（2019.8 重印）
ISBN 978-7-5430-4939-0

Ⅰ．①经… Ⅱ．①黄… Ⅲ．①经济学—通俗读物
Ⅳ．① F0-49

中国版本图书馆 CIP 数据核字（2010）第 072070 号

著　　者：黄　威
特约编辑：杨　肖
责任编辑：张建平
封面设计：象上品牌设计
出　　版：武汉出版社
社　　址：武汉市江岸区兴业路 136 号　邮编：430015
电　　话：（027）85606403　85600625
http: //www.whcbs.com　　　E-mail:wuhanpress@126.com
印　　刷：北京京丰印刷厂　经　　销：新华书店
开　　本：787mm×1092mm　1/16
印　　张：12　　字数：200 千字
版　　次：2010 年 6 月第 1 版　2019 年 8 月第 2 次印刷
定　　价：39.80 元

目　录

第四部分　投资的逻辑

第五部分　各取所需——漫话贸易

序　言

经济学是什么?

可能很多人对经济学的朴素的认识就是：经济学是教你如何赚钱的。许多人开始学经济学，估计也是这个动因，本人最初的想法也同样这么“庸俗”。不过在这里，非常遗憾，我得提前告诉大伙儿，经过学习才发现：学了经济学绝不意味着你就能赚大钱，经济学讲的不是如何赚钱，至少不完全是如何赚钱。事实上，大多数著名的经济学家都没能赚到大钱，有的甚至还穷困一生，说出去是相当倒牌子。

经济学是研究怎样作选择的一门学科。你是选择A还是选择B？你选择上学还是选择工作？人的选择无处不在，人的一生其实就是选择的一生，所以经济学研究的就是我们身边的那些事。

经济学分析研究的前提就是资源的稀缺性，如果资源不稀缺，大家想要什么就能有什么，那就无所谓经济学了。而经济学的产生，就是告诉你怎样在受约束的条件下，作出更好的选择，怎样对稀缺的资源进行配置，达到最高的效率。

我这样一说，估计马上就会有很多人感觉索然无味了。那些正打算把书合上的朋友，且慢！我还有一些话要说。

经济学确实是一门严谨的科学。当你学得越来越深入，甚至会有这样的感觉：原来自己已经转行在学数学了！确实，现在的经济学研究越来越借助数学这个工具，甚至有人想当然地认为，如果你的研究中没有一些复杂的数学公式，肯定就算不上高深、前沿，称不了“专家”，拿着这样的“研究成果”，你都不好意思跟人打招呼。

幸好，我们这本小册子完全没有数学公式，大家尽可放心大胆地阅览，绝不会有害身心健康。这倒不是因为数学没用，事实上我们坚信数学语言是最简洁、最严谨的语言，它可以把很多文字难以表达的意思解释明白，不过它也有一个致命的缺点：难懂——特别是对普通大众而言。而这本书是面对普通大众群体的，大家需要听一些关于经济学的故事，所以我在这里宁愿承受烦琐，宁愿冒着不严谨的风险，也要为大家奉上一本最容易读懂的经济学读物。

读懂就好，阿弥陀佛！毕竟咱们不是专门搞经济研究的，何必太认真！

这本书的编排也不像一般的经济学教科书那样系统和全面，这种“古板”的教科书实在太多，多我一本不多，少我一本不少。大家如果期望全面了解经济知识，建议还是读一些入门的“标准”教科书，如曼昆的《经济学原理》之类的——这也是本人的第一本经济学教科书。

学了这些年的经济学，我感受最深的是——这是一门“非典型科学”。

经济学确实是一门科学，但是和我们通常理解的物理、数学、化学有着很大的区别。其中最大的区别就是：经济学研究的是“人”，而物理、化学研究的是“物”。

几乎有关人的所有问题都可以纳入经济学的研究范畴，这可以从它的一些分支学科名称中找到证据，我们有：农村经济学、城市经济学、工业经济学、建筑经济学、环境经济学、国防经济学……

它涵盖的范围是如此的广泛，几乎把我们身边的现象全部囊括了。在普通的生活中，我们并不需要去考虑万有引力定律、元素周期表、牛顿—莱布尼茨方程……但是我们却必须去理解一些经济现象，因为这能够使我们活得更从容、更美好。

个人的体会是，学习经济学最重要的收获是掌握了经济学的思维，增加了自己思考问题的角度，能让自己更容易看明白身边的一些事情。所以在此我也希望跟大家分享自己的收获。

在这本书中，我们会运用经济学的知识和方法对一些“热点”问题进行分析，当然是用我的方式——尽量用通俗的语言，崇尚自然，摒弃“天书”。本书对读者的基本要求是：

经济学素养：零。

语言：汉语，掌握常用3000字，要求能识，不要求会写。

数学：加减乘除四则运算。

外语：英语，26个字母。

精力：无明确要求，你可以在地铁上、吃饭时、睡觉前甚至如厕中阅览，更可随时终止，也可任意摘选某些章节阅读，绝无毒副作用。

智商：正常及以上，只要你还没有进“非正常人类研究中心”从事研究工作。

其实，你会发现，经济学绝不是冷冰冰的科学，而是一门非常生动、非常有意思的学科，也是一门非常有用的学科。那么，接下来就让我们开始这段有意思的旅途吧！

当然，由于本人水平有限，加之时间仓促，其中必然存在很多不足之处，希望各位朋友谅解并不吝赐教，在此感激不尽！

第一部分

金钱的逻辑

第一章 钱从哪里来?

1. "钱"的初生

谈到"经济"二字，很多人头脑里面往往会奔出"钱"这个字或者"money"（如果你是老美的话）这个单词。如果你也这样的话，那么恭喜你，这说明你的头脑还很朴素，这很有可能是你在经济学方面的入门书之一，而我也会因此感到非常荣幸。

确实，"钱"这个概念在经济学里面占有非常重要的位置，很多的经济变量、模型、研究成果最终都是以钱来量化的，正是因为它的引入，很多完全不是同一范畴的东西才有了比较的基础，想想是不是很神奇？可见，大多数人潜意识的反应是比较实际和正确的，要不怎么说人民群众是充满智慧的呢！好了，那么现在就让我们一起来推开经济学这扇神奇的大门吧。

我们的祖先其实是一群非常能干的生物，他们会采集、狩猎甚至还会做衣服，照现在的观点来看，这样的人简直就是"全能"。但是，当时的生产力非常低下，人们辛辛苦苦劳作一天，能维持自己的温饱生存，就已经是相当不错了。不过这样还好，吃光用光倒也干净利索，没有麻烦。可是历史在进步，随着生产力的发展，人们逐渐有剩余的东西了，怎么办呢？总不能让它们发霉吧？于是聪明的人想出了交换的办法，比方说，你有一块布，我有一头野猪，你想尝尝猪肉的味道，我想给孩子做件衣裳，那好，换吧！然后大家都很满意，问题就这么完美地解决了！

但是，慢慢地，人们发现这种交换越来越麻烦了，为什么呢？比方说，你有布要野猪，我有坚果要衣服，他有野猪要坚果，那怎么办呢？聪明的你肯定早就想到办法了。可是随着人和物品数量的增加，这就逐渐变成了一个非常复杂的排列组合问题。那怎么办呢？要知道，那时候的人可不是数学家，应该不会有人知道排列组合的解法。但是聪明的人类最终还是找到了办法，那就是设一个变量“X”。人们发现，有一些东西是受到大家欢迎的，比如一些装饰品、特殊的石块之类的，把这些东西设为“X”，“X”这个变量可以代表许多其他东西，这颇有点现在扑克里的“大王”“小王”的意味。于是，如果你有了那些装饰品，就可以和有布的人换你所需要的布，而对方也会欣然接受你的东西，因为他知道他以后可以拿这个东西和其他人换他所需要的东西。于是最初的“钱”就这样产生了。

后来的故事，我想大家都知道了，那些“X”逐渐由相对固定的金、银、铜之类的贵金属充当了。为什么呢？因为这些东西单位价值较大，小小的一块就可以买很多的东西；而且方便携带、分割和计量，容易储存等。正所谓“价格公道，量又足”，于是一直沿用下去。顺便提一句，我国历史上的钱以铜、银为主，而西方则以金、银为主，主要原因是我国金、银的产量相对不高。

再后来，随着社会经济的发展，产生了大宗的货物贸易，运输笨重的贵金属不但费时费力，而且不安全。要知道，那时经常有啸聚山林收买路钱的主，而且显然当时也缺少“严打”这类行动。所以，最早的纸币就在我国诞生了。薄薄一张纸就代表几千几万两银子，可以藏在鞋底，缝在袖口，显然要安全和方便得多。最早的纸币是由大的钱庄、票号发行的，你可以随时在它们遍布全国的分支机构兑换银子。如果你想了解一下中国以前的钱庄，建议去看看电影——《白银帝国》。那么你要问了，如果钱庄翻脸不认人，到时纸币不能兑现怎么办？恭喜你，这说明你的思考已经比历史上很多伟大人物都要深刻了。明朝的时候，朱元璋发现发行纸币是个好买卖，于是他也大规模地发行，以为只要盖上他的大印就真的“点纸成金”了。他赏赐臣下也往往采用纸币的方式，反正他是皇帝，写多少也没人管他。但是，这却导致了纸币的严重贬值，也就是说，他的纸币不值“钱”了。要知道，票号的银票能当真的银子使，是因为票号里有等值的银子作为保证金，且票号的信用保证你能随时兑换。也就是说，“钱”之为钱，是因为有信用在里面。而我们的朱皇帝错在了没文化上，要不怎么说学点经济学没坏处呢。

我们现在的纸币后面有没有金银作为保证呢？很遗憾地告诉你：“没有。”在布雷顿森林体系解体之前，各国的货币与美元挂钩，美元与黄金挂钩，也就是说，任何时候你都可以拿着手中的钱按官方汇价兑换等值的黄金。在该体系解体后，各国的货币就都与黄金脱钩了，所以你千万别拿着人民币去中国人民银行柜台说：“我兑换等值的黄金。”但是，现在我们的人民币同样有信用在，那就是我们中国政府的信用。政府对我们说，你拿着这100元钱肯定能买到100元的商品，谁要是不承认你的钱，政府就收拾他！所以请大家看紧自己的钱袋子，这个钱和纸是有本质区别的！

2.钱到底是什么？

曾经有人调侃：“如果不知道什么是钱，去借点就知道了。”这里的“钱”就是一种“货币”。那么什么是货币呢？这就要从货币的几个性质谈起。我之前说过，希望大家能通过这本书轻松愉快地了解经济学的某些概念，并学会用这些概念对具体的经济现象作一些简单的分析。但是，某些知识我还是希望以规范化的方式给出，至少使大家“显得”接受过一定的经济学训练。这样有两个好处：一，这些是经过几代经济学研究者归纳总结出来的东西，多学点应该对社会有益无害；二，以后如果碰到某些“八股”的所谓经济学者为了体现其精湛的学术素养，把一些东西“归纳”成“三点”来谈时，你能明白：哦，您老搞半天就是说了这些啊，俺也是知道的，别再忽悠了。有些火星来的人本来就不习惯说地球话，那也是没有办法的事情。好了，闲话少说，让我们来看看货币都有哪些性质吧。

首先，货币的主要用途是作为一种支付手段，其实这个在前面已经谈过了。由于社会经济活动日益复杂，分工越来越细致，要求能有一种工具进行最后的支付，这个工具就是货币。这下，你明白为什么中国这么流行罚款了吧？有关部门看来是深谙其中的经济学道理的。其次，货币可以作为报价和记录债务的价值尺度。各种商品之间的相对价值怎么比较呢？比如说，1只鸭等于

2只鸡，1头牛又等于N只鸡，1辆车又等于M只鸭之类的，如果商品有成千上万种，那么你的大脑中必须存储上千万个相对价格的数据，以供随时调用。如果真是这样的话，咱们就啥都不用干了，每天除了吃饭睡觉就背这个得了。但是有了货币就有了一个统一的尺度，是不是方便了很多？那么除了货币还有其他东西能充当这种角色吗？反正我是没见过有商店报价一个笔记本等于2股中石油股票的情况。可能喜欢思考的人要说了，既然统一的尺度最方便，为什么现在还有美元、人民币、欧元等各种尺度存在呢？这个问题，你得去问上帝，为什么有这么多国家，还老是统一不起来？最后，货币要作为一种支付手段，必须具有价值储藏的功能，也就是说它的价值必须是一直存在的。如果说你辛辛苦苦劳动一天赚来了钱，第二天醒来发霉了，用不了了，你是不是有想撞墙的冲动？还记得小说《欧也妮·葛朗台》中描写的那个老守财奴仓库里大堆腐朽的金银的情景吗？当时我的想法是：爷爷的，你不花钱干吗不接济我点？现在想想，原来老葛朗台是充分利用了货币的价值储藏的功能：我就是不花，留给我女儿，你能把我怎么的？可惜的是那时候还没有发明不锈钢……

当然，货币不是唯一的价值储藏手段，我们也可以囤积股票、债券甚至房子，而且它们的收益可能比货币更高，特别是在目前中国房市的大背景下。但是，很多人还是喜欢持有货币，这是因为它的流动性是最高的。所谓流动性，就是一项资产转化为支付手段（即货币）的难易程度。这里我们也顺便解释了流动性的概念，不知什么时候我国“流动性过剩”的论调甚嚣尘上，现在知道说的是什么了吧！其实我个人感觉这个词挺好的，“流动性”嘛，让人联想到水，发了大水（流动性过剩），我们才能去浑水摸鱼不是？其实谈到流动性，我们还可以引出对各种资产的流动性的衡量，常常可以分成以下几类：

M1包括我们手上的纸币、活期存款和其他支票存款；M2除了包含M1，还有小额的定期存款、储蓄存款和一些货币市场的共同基金；而M3除了以上的各项还包括大额定期存款、机构的货币市场共同基金、回购协议等。可见它们的流动性是依次递减的。所以以后在报纸、电视报道中听到M1、M2之类的应该能听出一点其中的名堂了吧。

3.我们的钱从哪里来?

说了那么多，我们的钱到底是从什么地方来的呢?可能有人会说，不靠天，不靠地，靠我自己赚的!那很好，说明你是个自食其力的劳动者。但是你是从哪儿赚的呢?从其他人那儿。那其他人的钱又是从哪里来的呢?……这样感觉是在绕口令，子子孙孙无穷匮也了。其实，我们的钱都是我们的政府发的!你说，不对啊，我们的人民币上除了咱们敬爱的毛主席的大头贴明明写着中国人民银行几个大字啊。其实，你稍微去了解一下法律就能知道货币是由中央政府委托中国人民银行发行的，其信用保证在政府。你可以想象咱们13亿人手中有多少纸币，不得不佩服人民银行印刷机的产能啊!其实，纸币只是货币中的一小部分，我们绝大多数的货币都只是以银行账户里面几个阿拉伯数字的形式存在的。所以让我们共同祈祷银行的计算机系统不要崩溃不要死机吧!虽然我自己的账户里也没几个钱。确实，现在的交易，特别是大额的交易极少再用现金了，很少听说有拿几麻袋钱到售楼中心去买房子，不过大千世界无奇不有，貌似流传过什么山西煤矿主扛着现金买房子的奇闻逸事，可是我还是劝你不要这样做，土!要出名也不该选这种方式。如果哪天你当真不得不提着几个密码箱去交易的时候，我会对你表示深切的哀悼——你遇到绑票了!

事实上，我们现在这么多钱也不完全是中国人民银行创造出来的，在这项伟大的工程中，你、我还有那些商业银行，比如工商银行、建设银行等也是功不可没的。为什么这么说呢?让我带你重温一下这个创造过程吧。

假如现在中国人民银行印了一张100元的纸币交给你，你会怎么办?你可能拿着它去小吃街，也可能去书店买这本书。现在我们不妨假设你是很节俭的，你把这100元存到了工商银行的账户上。那个漂亮的柜台小姐拿了这100元会干什么?她肯定要把它贷出去，贷给那些需要用钱的人，比如一个想买房的小伙子，不然银行吃什么?哪有钱给她发工资去买化妆品啊?要知道银行是要给你付利息的，这种纯赔本的买卖傻子才做。但是，我们的政府规定，商业银行不能把所有100元钱全贷出去，不然万一哪天有人来取款怎么办？比如说，银行只能贷出去80元，另外20元叫作准备金，在这种情况下，我们叫作准备金率是20%。到现在为止你的头脑是不是还很清楚？那好，我们继续。房地产商收到了小伙子的80元钱会怎么办？假设他也把这80元存到了他的建设银行账户上；同样，建设银行也不是傻子，他留下16元，把另外的64元贷给了一家要进货的专卖店店主；店主拿这64元付了货款……现在是不是有点乱了？其实这只是一个重复的过程。按这个逻辑循环下去，到最后你可以发现，所有这100元纸币都留在了商业银行，但是你的账户多了100元，房地产商的账户多了80元……所有的货币增加量是100+80+64+……如果你上过中学应该就能发现，这个原来是一个简单的等比数列求和，它的和为100除以20%，也就是说总共增加了500元的货币量，中央银行的最初的100元现金扩大到原来的5倍，而这个过程它是没有参与的，都是大众和商业银行的功劳。

综上所述，我们可以得出以下结论：第一，央行的原始货币量被大大扩大了，扩大之后的倍数正好是准备金率的倒数，这个在经济学上叫作货币乘数；第二，学好数学很重要！了解了这个机制后，我们就能明白央行怎样控制总的货币供应量了。首先，可以开动印钞机印钞票；其次，可以调节存款准备金率。但是一般很少采用这两种方法，央行经常采取的措施叫作公开市场操作，就是在公开市场上买卖政府债券。卖出债券相当于收回了原始货币，减少了货币供应总量；买进债券则正好相反。在上一波股市大涨、经济过热期间，大家可以发现央行几次调高了存款准备金率，我想现在大家应该明白央行这样做的目的了吧！

仔细的你可能会发现，上面的结论是从前面假设的条件下给出的。实际上，我们也不可能把所有的钱都存到银行，银行也很少把可贷的钱都贷出去。如果有一部分现金留在了公众手里的话，这个货币乘数要比理想情况小，但是这并不妨碍上面的结论的正确性。经济学的研究往往正是从那些看上去不可能存在的假设前提出发，最后逐渐放宽条件得出有用的结论。在大致知道了经济学研究的基本方法之后，大家是不是发觉其实经济学还是很有意思的？那么让我们继续下一章的故事。

第二章
人民币还能升值吗?

可能连火星人都知道我们的人民币相比之前升值了不少，即使你是个白丁，只要你还不是聋子，听听街头巷尾的议论也就够了。记得有一次我去农贸市场买青菜，最后付钱的时候没零钱，还差3毛钱，跟卖菜大妈商量免掉算了。谁知，大妈来一句：“你不知道现在人民币值钱了吗？不行！”直接把我雷倒了。可能她的意思是现在钱更难赚了，但是相同的钱能买到的东西越来越少了。这和官方常说的人民币升值可不是一回事。那么人民币的价值到底有什么内在逻辑呢？我想看完这一章你应该基本能搞清楚了。

如果我问你人民币好还是美元、欧元好，你肯定会很鄙视地看看我，不屑回答。记得上中学的时候，我总感觉美元是很牛的东西，好像花美元都要高人一等的样子，连以“刀”为单位计量的商品都要比一般的东西好，甚至到现在我还留着当时一位叔叔给的400美元压岁钱。现在想想真是脑子进水，那些钱已经不知贬值多少了。不过现在也懒得去银行兑换，权当留作纪念吧。

说到底货币其实是购买力的象征，购买力高的货币肯定比购买力低的货币价值高，更可能升值。这里说的升值贬值都是相对于其他货币而言的，而各国货币之间的相对价格也确实随着时间发生了较大的变化。比如20世纪80年代的时候，1卢布可以兑换2美元，而到了90年代，1美元反而可以兑换100卢布了，我们说卢布相对于美元贬值了，这是货币与货币之间相对价格的例子。而同样1元钱今年能买2根冰棍，明年只能买1根相同的冰棍，这也说明人民币不值钱了，贬值了，而这是一个针对货币与商品之间相对价格的例子。有什么东西能把这些联系起来吗？有的。国际上有一个大概估测各种货币之间汇率有无高估或低估的理论依据，那就是购买力平价理论。

听着似乎很唬人，其实非常简单。同样一种商品在一个国家以本国货币表示的售价与另一国以本国货币表示的售价之比就是两种货币之间大致“合理”的汇率。比方说，如果一个保温杯在中国的售价是70元人民币，在美国的售价是10美元，那么人民币兑换美元“合理”的水平应该是7∶1，即7元人民币兑换1美元。当然这只是一个非常不精确的理论，实际情况要比它复杂得多，如果汇率问题真的这么简单，肯定就有很大一批人要失业了。

探究汇率问题之前，我们最好还是先了解一下它的历史。在古代，汇率还是比较简单的，因为那个时候各国基本上都用金银等贵金属作为货币，直接交换就是了。但是咱们人类自古以来最大的本事就是把简单的东西搞复杂，越复杂就说明越高等、越进化，所以这也难怪现在很多接受过高等教育的人一开口就是一套一套的，貌似只有把别人搞糊涂了才能显示其过人之处。我还是以咱们之前的方式，从布雷顿森林体系的故事开始聊起。

大家都知道，第二次世界大战快结束的时候，原先几个老牌的资本主义强国都蔫了，美国却强盛起来，毫无疑问地在地球这个大班级中被大家选为了班长，不选他也没办法，谁叫人家家里有钱还好勇斗狠呢！万一哪天这个流氓收拾你一顿怎么办？所以大家在这里也可以看出，在现如今想做老大，你一定要够狠、够流氓，家里还要有钱，出了事能摆平。一天（确切地说是1944年的7月），班长联合班委召集一班小喽啰在班长家的新罕布什尔州布雷顿森林里开班会。班长说，你们现在不是穷吗？打架打穷了，货币币值也不稳定，这个和建设和谐班级的宗旨是矛盾的。但是我家有钱，家里藏着很多黄金呢，你们按我说的做，来维护咱们班的金融体系的稳定。然后不管自愿不自愿吧，大家都在合约上签字了，签的那个叫作《布雷顿森林协定》，里面规定：以黄金为基础，美元作为最主要的储备货币，各国的货币盯住美元（也就是说规定多少马克换1美元，多少人民币换1美元），可以直接向美国以35美元一盎司的价格兑换黄金。所以从那以后，国际间的汇率基本上是固定的。到了1971年，这个体系再也顶不住了，所以大家都作鸟兽散了，汇率也就开始浮动了。

就我们亲爱的人民币来说，从1994年我国汇率制度并轨以来，规定了美元兑换人民币的比率为1∶8.27，这个固定的汇率一直维持到了2005年。不管这个规定合不合理，我们国内的物价怎么变动，人民币在国际上的价格就是这个价，可谓“谢绝还价，童叟无欺”。到目前，大家都知道美元兑人民币的汇率已经是1∶6.8左右了，可见在国际上人民币确实升值了不少，但是似乎我们没感觉到。

1.人民币到底值不值钱？

可能你会问，这说了半天，那么究竟怎么才能看出我们手中的人民币值不值钱呢？其实可以用多个指示器来反映这个问题。听到这儿，你肯定很愤怒：指示器嘛，当然是越简单越好，你还弄好几个，我们到底看哪个？你说得很对！就像你只有一块手表，它能很好地向你报告时间；但是如果有两块，那你就可能有点糊涂了；但是如果你戴了三块以上的手表，如果你不是在“精神病研究中心”兼职的话，就说明你是一个修手表或卖手表的。其实这些指标都是有用的，只是反映的问题不同，就像飞机上一大堆仪表，虽然看着让人头大，但它们每一个数都是很有意义的。所以说，飞行员不是所有人都能当的。同样道理，也不是随便拉出一个人就能说他是经济学专家。但这些指示器大家应该都是耳熟能详的，没吃过猪肉，还没看过猪跑吗？所以，今天我要带着大家吃一回猪肉。

第一个指标就是利率，其实利率也分很多种，为了不影响大家的食欲，我们这里就当只有一个利率好了。比如说按揭买房，银行利率高是不是就说明贷来的款值钱？利率就是资金的价格，你可以把利率想象成房租，租的房子是要还的，同样借钱还债也是天经地义的。说到这里，你应该就能理解为什么2007年经济过热的时候，调高利率的呼声这么高。这说明政府要告诉你，现在钱值钱了，你别到处胡乱借钱买房、投资。调整好利率在一定程度上确实可以起到抑制经济过热的作用，所以记住了，利率也是一种宏观调控的手段。

还有一个指标就是汇率。前段时间人民币一直在升值，现在还是比较稳定的，这其实是因为我们国家规定现在的汇率应该在1∶6.8左右，不允许它有大的波动。但是为什么升值的时候你好像没有感觉到人民币升值带来的好处呢？这说明咱们普通老百姓其实还是比较爱国的，很少买国外的东西（买不买得起另说），如果你经常出国旅游或是去国外进行大采购，我想你应该能比较明显地体会到人民币升值的好处。不过显然，我们绝大部分国人都很难有这种机会吧。

所以说，在国内，利率是货币的价格；在国际上，汇率是货币的价格。虽然在国际上我们的人民币升值了，购买力提高了，但是在国内人民币的购买力却在下降，那是因为国内有通货膨胀。谈到通货膨胀，我这里还要插一句，通货膨胀率其实又是一个反映我们的钱值不值钱的指标，它反映的是货币与商品之间的相对价格。货币贵，商品就便宜；商品贵，钱就贬值。好了，关于这几个指标咱们先谈到这儿，关于通货膨胀问题，我们在第八章再具体展开来谈。

2.人民币为什么对外升值对内贬值？

不知大家还有没有印象，在20世纪90年代后半期，由于亚洲金融危机等因素，我国的经济增长放缓了，物价也很稳定，通货膨胀率也很低。中国人民银行从1998年开始，为了刺激经济，连续下调了利率（又谈到它了，现在知道为什么了吧）。这是在告诉你：大家赶紧去贷款买房、贷款买车、贷款投资企业，利率很低，不借白不借啊！这是为了防止经济增速过低，政府在用宏观调控的手段呢。可惜的是，大家听进去了吗？大家没听进去啊！你想想，那个时候你要是贷款买了几套房，到现在天天在家打麻将是不是也能混个中产？可见政府的话还是要听的啊！但是，你要听得懂他在说什么就得看咱们的书不是？其实这里可以看出一种赚钱的手法，那就是反向操作，当整个经济一片死气沉沉的时候我们就要大胆，俗话说，撑死胆大的，饿死胆小的！

那个时候中国的商品供过于求，卖不出去，生意不好做，企业日子难过，银行存款的余额却年年增加。政府说，银行利率下降了，钱不值钱了，你赶紧借钱花啊！可大家偏要跟政府对着干，打死也不花钱。

那么，现在是怎么回事呢？这种状况怎么改变了？是我们生产的汽车、冰箱、彩电减少了，供不应求了吗？是粮食减产了吗？都不是。是钱多了，钱和商品比当然就贬值了。那么钱怎么就多了呢？前面我们已经讲过了钱是怎么来的。这里我们要再引入一个变量：外汇。

随着人们收入水平的提高，银行的储蓄规模越来越大，已经达到了20万亿的量级了。怎么一下子突然冒出这么多钱来了？部分秘密就在于外汇储备。

2000年的时候我们的外汇储备只有1600亿美元，2005年就达到了8000亿美元，成为全球最大的外汇储备国家；2007年达到了1.5万亿美元的规模；现在我们可以估计，我国的外汇储备已经达到了3万亿美元的量级。这是一个相当庞大的数字，只要把里面万分之一给了任何一个人，那他就是绝对的款爷了。那么这么多外汇是怎么来的呢？下面就让我们讲讲外汇是怎样炼成的。

外汇其实就是一个国家所具有的以外币计值的国外资产。如果这样说你还是觉得抽象的话，我们就可以把一个国家当作一个家庭，其实在分析一个国家的国际收支账户的时候也确实跟一个家庭的账户非常类似。为了简便，我们就把外汇看作美元好了。

我国的出口商将商品出口到美国去，比如说运出去了一船的衣服，价值1000万美元，买衣服的美国佬手中可没有人民币，所以他们只能支付美元给我们的出口商。我们的出口商为什么愿意拿美元？美元既不能吃又不能穿，拿到中国去买白菜还怕被卖菜老太当作假币。其实，出口商可以有两个途径解决这个问题。一是直接在美国拿着美元买美国的商品（不管他是自己用还是运到中国来卖）；二是找中国人民银行要求将美元换成人民币，中国人民银行必须按照规定的汇率换给他，比如说1∶7，然后他就可以拿着7000万元人民币给工人发工资，买原材料。中国人民银行换来的那1000万美元就构成了我国的外汇储备，它可以把这些美元卖给中国那些需要向美国进口的进口商（换回人民币）。这样是不是就构成了一个比较完美的循环？但是问题是，中国运到美国的商品多，美国运到中国的商品少，中国的商品价廉物美较受老美喜欢，所以这就使得中国的账户里面有了美元的净流入。这一部分叫作经常账户盈余。

除了经常账户，还有一个非常重要的部分就是所谓的资本账户，这一部分是怎么一回事呢？比如一个美国人看到中国经济欣欣向荣，感觉在中国有盈利机会，所以他想在中国投资建工厂或想买中国的股票，他就必须首先拿着他的美元到中国人民银行去换成人民币；当然如果你想到美国去投资的话，也必须将你的人民币换成美元。如果上面这两股力量相互平衡的话，当然资本账户是平衡的，不会有美元的净流入。但是，美国到中国来投资的比较多，所以这部分也产生了盈余。

以上两部分的美元盈余日积月累就造成了我国高额的外汇储备。那我们的中国人民银行面对这么多美元储备该怎么办呢？反正闲着也是闲着，就去美国投资吧。于是我们就买了大量的美国政府债券，美国的基金、股票之类的金融资产。说到这里，你可能会说：兜了个大圈子，这个和你前面说的货币发行有什么关系？有关系！那是相当有关系！

仔细的朋友可能已经发现了，中国人民银行换了美元的同时要交出去人民币，而拿到人民币的人则会到国内去投资和消费。也就是说，这个过程其实正是一个伴随着人民币发行的过程！这下你应该能明白为什么我们的钱一下子多了那么多吧？很大程度上是因为我们的外汇储备多了那么多！

所以说外汇储备过高了也不是什么好事情。我们手头上多了那么多美元储备后，美国佬坐不住了，说：“你们的人民币币值低估了，应该升值，这样一来你们的商品卖到我国去的标价就会升高，出口会减少，进口会增加，国际账户会趋向于平衡。”要说在毛泽东时代，美国佬这么一说我们人民币非贬值不可，因为“凡是敌人支持的我们都要反对，凡是敌人反对的我们都要支持”。但是，时代不一样喽！

终于在2005年以后，我们的人民币在各种政治、经济的压力下逐渐升值了，但同时外汇储备却还在增长，导致国内的人民币也在快速增加，最终造成物价上涨，人民币对内贬值。

当然，我国的外汇储备的高速增长并不完全体现在上面说的贸易和投资模式下的增长，这其中大量的国际游资有不可磨灭的“功劳”。

3.国际游资是怎么回事？

国际游资，其实可以按字面意思理解，“国际”二字道出了其来源，说明它们来自国外；“游资”嘛，你可以想象到处游动、一刻不闲的资金会干什么？当然是哪儿能赚更多的钱就到哪儿去喽！你看到过春节期间那些游走的流浪狗吗？它们也不正经干它们的本职工作——看门，而是成天到各处游荡，哪儿有食就往哪儿跑，曾经一度让我很头疼，因为我刚给自家狗喂了东西就被它们抢走，而且吃完了还不说声谢谢，扭头就走。我想现在我们的政府面对国际游资的处境也跟我当年差不太多。

自从“春天的故事”发生以后，中国的经济取得了令人瞩目的成就，中国社会进入快速发展的阶段，其中肯定会产生很多赚钱机会，现在电线杆上的各种小广告，还有网上弹出的诸如“三天快速致富”“从1000元到10万元”之类的夸张信息，无不向我们昭示了这个社会的勃勃生机，正所谓“解放区的天是晴朗的天”。

但是，有些东西一被“瞩目”往往就会变出一些不好的事情来。就像嗅觉最敏锐的肯定是到处游荡的野狗一样，国际游资也到咱们解放区找食吃了。在我们的外汇储备节节攀升的背景下，人民币有了巨大的升值压力，因为升值的弊端是我们的出口商品的竞争力会下降，会给我们的就业带来巨大的压力。虽然一开始我们政府顶住了，但是经济规律毕竟是经济规律，谁也无法与之抗衡，最后我们顶不住了，为什么呢？

我们现在手上拿着如此大规模的美元，还在继续用8.27：1的高价收那些已经在国际社会大量贬值了的美元，到何处才是个头？如果继续维持这个价格，那么谁都可以把在国际上卖不出好价钱的美元塞给中国政府换成人民币，这肯定不是长久之计。终于，2005年7月21日晚上7点，中国人民银行宣布1美元兑8.27元人民币调整为1美元兑8.11元人民币，从此人民币走上了逐渐升值的道路。那么现在我们的外汇市场怎么运作的呢？现阶段，每天我们银行兼外汇市场美元对人民币的交易价仍在中国人民银行公布的美元交易中间价上下千分之三范围内浮动，我们实行的是以市场供求为基础、参考一篮子货币进行调节、有管理的浮动汇率制度。如果你现在对这个机制还不太理解，完全没有关系，我保证不会影响你对本书后续内容的了解，因为这个并不是重点，你只要知道我们现在的外汇市场还不是完全自由浮动的，而是很大程度上由政府控制的，短期的汇率浮动不会很大就行了。只要了解了这个，你就具备了通过自己分析，得出关于汇率的判断的基础。

因为大量的国际资本看好咱们中国，于是外国人涌向中国，把外币换成人民币来赚钱。一般有下面几种赚钱方法：一是换成人民币坐等人民币汇率升到一定程度，比如5%，然后再换回美元，这时他们手上的美元就会比来的时候多出来5%，这叫作套汇，似乎是最傻的一种办法。但是你只要会换外汇然后坐在家里打扑克就能赚钱，可谓是简单实惠，懒人专用；二是外币换成人民币后存进银行吃利息，这叫套利，似乎比前者进步了点，也有很多人用这招；最后一种最高级，换成人民币后买人民币资产，比如买地、买房、买厂、买原材料、买股票，既然中国经济在快速增长，这些东西价格迟早要上升，他们正好搭上了这个快车！等到他们认为赚得差不多了，那时候人民币也升值到一定的幅度了，他们再换成美元飘然离开，挥一挥衣袖，只留下一片泡沫！你说这些野狗狠不狠？

游资一来，股票一涨，房价一涨，似乎形势一片大好，于是很多人心痒痒了，把自己在银行的血汗钱都取出来，一个字——买！中国市场似乎更火起来了，形成了一轮一轮的循环。人民币汇率一升再升，外资继续换人民币，买中国的资产，这样我们的土地、股票、房产、原材料价格就一涨再涨，消费物价水平不断提高。这就是人民币对外升值，对内贬值的深层次原因。

说到这里，我们也就可以解答一下标题中的问题了。如果外资继续持续流入，我们的外汇储备持续上升，特别是贸易顺差依然大规模存在的话，长期来看，未来人民币的升值不可避免。其实我们政府不允许汇率自由浮动的一个很重要原因就是为了不累及出口，减轻对就业的压力，特别在目前全球金融危机的影响还远远没有过去，国内经济复苏的基础还未巩固的前提下，如果放任人民币升值的话，对我们出口的打击太大！我们可爱的政府应该很难作出这样的选择，所以短期内人民币较明显地升值的可能性不大。也就是说，政府还在扛着这个巨大的压力，按当前汇价敞开收购外汇、发行人民币的买卖还不得不暂时做着，特别是现在保增长的目标下，向国内释放流动性可能还是有一定好处的。但是，未来随着中国和全球经济的复苏，特别是如果我们出口企业的技术创新、产业竞争力有了提高的话，人民币也就到了升值的时候。因为说到底，汇率的背后真正比较的是两国经济增长的潜力，比较的是两种货币的购买力，只要未来中国经济仍然保持高增长，人民币对外升值就是必然的。

说到这里，你可能会很失望：我要知道的是明天或一个月以后我们的汇率会变成多少，你现在却给了我这么一个笼统的结论，还加上这么多假设条件，你这是存心忽悠我呢！在我看来，你这个要求跟逼我去算命差不多。我从来不忽悠可爱的读者，我只忽悠那些忽悠咱们普通老百姓的人。你只有了解了前面所说的那一套汇率决定的逻辑，然后在一定的假设条件下，才能得出比较靠得住的结论，而且这也是科学的思维方法。至于那个假设条件在现实中会不会发生，每个人应该都会有自己的看法，只能靠个人去判断。我最鄙视那种不谈任何假设，不谈任何内在规律、原理，不负责任地胡乱向大伙瞎嚷嚷的人，而这也是我们这个时代各种所谓“专家”频出，还频频得出相互矛盾的结论的重要原因之一，其中最具代表性的就是所谓的“股评家”。你若非要问我一个月后汇率会到多少，如果我回答，我昨晚夜观天象，看来下个月的汇率能到1：6.75，你信吗？任谁有这个本事都不会出来大声嚷嚷，来“指导”国人。

第三章
中国人有钱吗?

由老美的次贷危机引发的全球性金融危机发生后，似乎有很多国人以为这下美国玩儿完了，欧洲也萎了，全世界都不行，该咱们中国人牛气了。实际情况似乎也是如此，记得曾在报纸、网络上看到某国某公司的前CEO由于金融危机现在靠打工度日等奇闻逸事；然后伴随着的是什么中国某某企业又去海外收购资产啦、中国进全球500强企业数量创新高啦之类的消息，正可谓是“大长了中国人民的志气，大灭了帝国主义的威风”。

而且在国际上，无论从美国到法国，还是英国、德国，都认为中国人实在太有钱了。中国游客在巴黎声名鹊起，根据法国旅游局提供的不完全统计，每个中国游客到法国的消费额在3000美元左右，而一般的欧美游客到法国的消费额仅仅是1000多美元。过去日本旅游者在法国的消费是最高的，但是，现在好多中国旅游团的消费额已经超过了日本人。真是牛气啊！像一次性就买10块雷达表、5个路易威登包还大喊太便宜了的，这种事情似乎也就只有我们“天朝”的人做得到。但是和这些相比还有更牛气的呢！在欧洲、美国，一次性购买几套豪宅、几辆豪车的也大有人在，更雷人的是还能立刻以现金支付，令向来自大的美国人也目瞪口呆。

总之，归结一句话，中国目前真的到处是钱，中国人实在“太有财了”！确实，要说中国没钱，估计连鬼都不信。2.1万亿美元的外汇储备早已经是世界第一了，25万亿的居民储蓄也赤裸裸地摆在那儿呢。危机后，我们国内不断加大投资，出台政策希望刺激消费。但问题是，中国人真的是有钱消费吗？这些钱真的是咱们普通老百姓的吗？我们可以把那些储蓄总额除以中国的总人口，你会发现平均每人能摊到1万多块钱，要知道这个数字可是包括了那些还在吃奶的婴儿和那些赋闲在家的老人的，似乎中国人真的“不差钱”。但是，我又一次不得不遗憾地告诉你，对绝大部分中国人来说，钱不是问题，问题是没钱。怎么会呢？因为总量实在是没有什么太大的意义。说到这儿让我联想到某些地方热衷于宣传什么该地GDP总量超过多少啦，排第几啦等震撼的新闻，但是去看一下它的人口规模，你就会忍不住：你说你们这么多人，也没见缺胳膊少腿，人口平均还不到人家的一半，你怎么就好意思拿出来瞎嚷嚷？所以说，一国中大部分人有钱，我们才能说这国人民有钱，这当中总量、平均数固然起着作用，但另外一个因素我认为在当前更重要，那就是收入分配或财富分配，只是收入是从流量方面去衡量，财富是从存量方面去衡量而已。那么要分析中国人有没有钱，让我们从分配的角度谈起吧。

无论如何，本章一开始谈到的一些事例都说明中国人目前不比从前了，至少一部分中国人是很有钱了。但是我们也可以经常在报纸、电视、网络上看到那些贫寒家庭的悲惨故事，真是应了一句话：幸福的家庭都是相同的，不幸的家庭却各有各的不幸。从这些极端的案例我们可以感性地了解中国目前的收入差距，那是相当的大，问题比较严重，但是到底有多严重呢？我们还需要从科学的、定量的角度来衡量。

衡量收入分配情况有多个指标，其中一个大家耳熟能详的是基尼系数，由20世纪初意大利经济学家基尼提出，它是对收入不平等情况的一种度量，是衡量一个国家贫富差距的标准。要想讲清楚这个系数是怎么得到的，我们有必要请出我们可爱的高中数学老师，让他先在黑板上画几个坐标。但是考虑到大家都很体谅咱们的园丁，我也不让他们出场跑一趟了，估计也没几个人想让老师来补习高中数学。大家只要知道：当基尼系数为0时，表示绝对的平均，李嘉诚有一元钱，你就有一元钱；当基尼系数为1时，表示绝对不平均，所有的钱都是一个人的，其他人收入等于0，这种情况是不可能出现的；基尼系数越大，就表示不均等程度越高。一般的，基尼系数在0.2以下表示绝对平均，毛泽东时代基本上就是这样子，0.2~0.3表示比较平均，0.3~0.4表示较为合理，0.4~0.5表示差距较大，0.5以上说明差距悬殊，到这个时候基本上大家都要出来造反了。

特别是咱们中国人向来不患寡而患不均，只要大家都没钱，倒也相安无事，生活得很美好，所谓“穷开心”；但要是邻居的二狗子都开上大奔了，咱还天天挤公车上下班，那就很有问题了，时不时地给大奔的车胎扎个洞为汽修工人创造点就业机会之类的“义举”也就可以理解了。

还有一个重要的衡量指标是恩格尔系数，它是食品支出总额占家庭或个人消费支出总额的百分数，国际上常常用恩格尔系数来衡量一个国家或地区人民生活水平的状况。显然，生活越富裕的人花在食品上的支出比例越低。所以恩格尔系数在59%以上为贫困，50%~59%为温饱，40%~50%为小康，30%~40%为富裕，低于30%为最富裕。这个指数的差别也可以反映出人们之间的收入差距。

既然谈到收入差距，那肯定要比较两类人之间的收入水平，那怎么给人分类呢？可能大家马上会说，分成“穷人”和“富人”。那谁是穷人，谁是富人呢？这个问题太抽象了，因为穷和富本来就是相对的，月收入3000元在北京肯定要算穷人了，但是在一些西部省份，这绝对是高收入了。其实，我们现在的制度已经给了我们一个比较明确的分类方法，那就是城市和农村。下面我们来看看城乡之间的差别。

自从新中国建立以来，我们就采取了重工轻农、重城市轻农村的政策，而且城乡的户籍分割制度造成了社会成员之间难以流动，城市化水平比较低。1978年，农村家庭的平均纯收入（除去经营费用和税收）和城市家庭的可支配收入（除去所得税和保险等费用）的差距已经达到了1：2.6，农村实施家庭联产承包责任制后，差距缩小到了1：1.8，但是目前这一差距又到了将近1：3.5，如果考虑城市居民拥有的福利、补贴、社会保障之类，那么这差距就已经达到了1：6以上，成为世界上最不平等的社会。你可能要说了，城市里有富人也有穷人，农村里也有富人和穷人，这个分类不太合理。但是，从统计数据可以看出，我们城乡之间的差距要远远大于城市和农村内部的差距。可能你又会说了，才1：6，也还可以啊，我跟李嘉诚的差距何止1：600，我也没感觉怎么样嘛。个体的极端差异存在表面上好像没什么，但这可是一个非常大样本的统计数据，你设想一下：有两拨人，数量都是以亿为计量单位的，而且都是中华人民共和国公民，一拨人月收入6000元，一拨人不到1000元，这些人搅在一起会发生什么状况？会不会有很多穷人盯着晃来晃去的有钱人眼里直冒光？想想都是一件很可怕的事情。

从恩格尔系数的比较，我们也可以看出城乡之间的明显差距。农村居民的恩格尔系数是45.5%，而城市居民为36.7%，差将近10个百分点，这个差距是比较大的。因为从前面我们谈到的标准可以看到每10个百分点就代表一个档次，如果这么两个大群体之间的生活水准不在一个档次上，怎么叫作“和谐社会”？

实际上，农村和城市内部的收入差距也在不断增大。农村地区的基尼系数从1978年的0.212增加到了目前的0.4，几乎扩大了一倍；而城镇的基尼系数从1978年的0.16上升到了目前的0.38，翻了一番多。城镇内部收入差距的扩大速度比农村还要大。如果我们把城镇居民按照收入的高低等分为7组。最高收入组与最低收入组之间1985年的收入比例为2.9左右，1995年扩大到3.9左右，而目前这个比例达到了将近10倍。2000年以后，最低收入组的人均可支配收入仅增长了约10%，而最高收入组则增长了近150%。这些似乎只是冷冰冰的数据，但是当你发现你的周围似乎出现了越来越多的富人和穷人时，其实你已经理解、感受到了这些数据，因为这些正是贫富差距拉大的必然产物。

其次，我们再来看看地域之间的差距。现在网上、论坛上关于地域之间的争论很多很激烈，有些甚至很暴力，到了相互之间问候祖宗的程度。这固然与不同地域之间的文化价值观念迥异、相互之间不够了解有关，但地域之间经济发展不平衡，也是一个非常重要的因素。“发达”的地方鄙视“落后”的地方，没钱的人羡慕又看不惯有钱人那种趾高气扬的态度，相互之间的攻讦似乎也是不可避免的。

自从我们敬爱的邓爷爷在中国沿海地区划了几个圈之后，我们的东部地区特别是东部沿海确实发展很快，人民的收入水平、生活水准显著提高，真正做到了让一部分人先富起来。但是不同省份之间的差距也越来越大了。从实际统计数据可以看出，人均收入高于全国平均水平的省市基本都在沿海，低于全国平均水平的多是内陆省市，这就是平均数掩盖下的真相。而那些老外到中国来，往往只是在北京、上海这些大城市转一圈，就得出“中国人有钱”的结论，实在是严重脱离广大人民群众，没有深入调查研究所导致的。

上面我们从城乡和地域两个视角来看我国的收入差距，而从总体上来看，2005年我国的基尼系数已经达到了0.47，将要超过0.5的警戒线了，在国际上似乎只有俄罗斯、巴西、南非等国家可以和我们拼一下，与这些国家为伍应该不是我们的奋斗目标吧。

那么依据收入情况，我们也可以把社会上的各类人员分成几个阶层。那些富裕阶层主要有部分私营企业主、一些金融机构、房地产开发公司等行业的从业人员，以及一些外国驻华机构中方雇员、各种成功“炒家”、垄断行业从业人员、某些紧缺人才、有特殊专业技术的人员等；而最贫困阶层主要有部分下岗失业的工人和失地无地的农民等。显然，前者从数量上来说，只是一小部分而已。

根据比较靠谱的统计，目前20%的人拥有80%的银行存款，不足5%的富人拥有全国居民存款总额的约50%。有学者估计，在我国城镇居民拥有的金融资产（不等于存款）中，20%富有的居民拥有其中的66%，而20%低收入者只拥有1.3%，相差50倍以上。根据法国百富勤公司以人均2.5万~3万元、家庭年均收入7.5万~10万元为标准，认为中国内地当前中产阶级约占总人口的13.5%。如果你的收入在这个范围内，那么我要恭喜你了，你已经比至少70%的中国人要富有了！

在对收入分配作了上述分析以后，你以后就不应该再被平均数搞迷糊了。这里可以引申出经济学上关于收入分配的一个基本概念，那就是偏态分布。也就是说一个群体的收入分布状况往往不是对称的，并不是简单地在平均数周围均匀分布，而是有偏的，而且往往是右偏的。我知道大家不喜欢数学曲线，简单地说，这样的收入分布会导致一个必然的结果，即大部分人的收入水平会在平均值以下，而如果联系到中国目前的状况，我们完全有理由在“大部分”前面加个“绝”字。用再通俗一点的话表达就是：如果100个人中有99个穷光蛋和1个亿万富翁，那么一平均，人人都是百万富翁。这下你该明白中国目前的平均数是一个多么无聊的指标了吧。

那么到底是不是应该完全消灭收入差距才好呢？我知道有很多人都有这样的冲动，但是我要说，一定的收入差距是有好处的，这也是被许多国家的许多案例证实的，也有着其内在的经济学逻辑。其一就是很多人知道的只有收入拉开差距，才有示范作用，激发大家的积极性，提高经济效率。它会告诉你：你看，人家好好干活、天天向上就能吃香的喝辣的，你要是好好干也能这样。在这种“模范”作用的带动下，其他人甩开膀子去干活，为我们的GDP添砖加瓦。而另一个不太为人所知的逻辑是这样的：假设有2000元，两个人来分。如果每人1000元，他们可能生活得差不多，偶尔下下馆子，一个月下来每人省下来100元，这200元钱就可以变成储蓄，进而由银行贷款给企业变为资本，用于改善设备、扩大厂房。但是如果分给甲1500元，乙500元，那么显然乙的生活就会很艰难了，天天在家啃窝头，也没什么储蓄，但还是活下来了。而甲就要奢侈一点了，经常下馆子，一个月花了1100元，储蓄了400元，他们两个总共就能有400元储蓄变成了资本，也就是说资本的积累增加了一倍，这样就会促进经济发展。

据此我们也可引出经济学上的一个重要的概念，叫作边际消费倾向，即收入增加1元钱后所增加的消费量。在这里甲多得到了500元，但是只多消费了200元，这个在经济学上叫作边际消费倾向为0.4，一般情况下人的边际消费倾向都是小于1的，而且一般是随着收入的增加递减的，比如像比尔·盖茨这样的人，增加或减少1亿的收入对他的消费几乎是不会产生什么影响的。

当然收入差距也有非常不利的影响，特别是过高的收入差距。比如说现在国家出台政策要扩大内需，提振消费，度过经济危机、出口疲软的困难时期。但是内需从哪里来？那些大量的储蓄会自动变成消费吗？答案是不会。按说需求在经济学上是一个非常重要的概念，因为很多情况下分析经济学现象都要从供给和需求两方面入手。但是“需求”这个词似乎不太确切，我还想在地中海买个小岛呢，但是这是毫无意义的；经济学上真正有意义的是“有效需求”，所谓有效需求，就是那些有购买能力的需求。那么为什么我们在扩大内需的时候会碰到有效需求不足的麻烦呢？

很多人所说的社会保障体系不完善自然是很重要的一方面，因为咱们中国人向来有一个非常优秀的传统，那就是未雨绸缪。虽然现在生活还过得去，还得考虑老了以后怎么办、失业了怎么办、生病了怎么办、孩子上学怎么办、给孩子买房结婚时怎么办，诸如此类。要说咱中国的父母实在是全天下最积极的劳模，不仅考虑到了自己的养老，还顺带把孩子的所有事情都考虑了：咱们苦点累点没关系，孩子们，你们就等着享福吧！在这种社会心理背景和目前社会保障不完善的情况下，很多人自然要看紧自己的钱袋子。

此外还有一个重要的因素就是社会收入分配的巨大差距。社会上的一小部分富人，现在是洋鬼子有的东西他有了，甚至洋鬼子没有的东西他也有了，他缺什么啊？实在是不缺。而那些占人口比重不是很高的中产阶级，对于日常的消费品也不缺，他们向往的只是那些富人的奢侈品而已。而广大工薪阶层和穷人，确实是缺很多东西的，但是“身不能至，心向往之”，形成不了有效需求，这就是内需难以启动的一个重要原因。

为了帮助大家理解，我在这里讲一个关于饺子的故事。假设有13个人（代表目前的总人口），其中有4个人（代表生产工业产品的劳动力）在努力包饺子，他们除了要养活自己还要抚养赡养另外5个人。饺子做出来了，但是马上有9个人（代表广大工薪阶层和一般农民）出来说，我们吃不起饺子，我们只要喝汤就行，剩下4个人里面的1个（代表富人）说，我不想吃饺子，我要吃美国的汉堡（消费奢侈品和进口品），所以只有剩下的3个人为这些饺子买单了。想想看，生产的人比消费的人还多，怎能卖得出去？所以只好出口了。但现在出口出现问题了，那么多饺子你再怎么提振消费也吃不完啊！

可见，收入分配问题不只是一个关于“和谐社会”的政治问题，还是一个严重的经济问题。

通过以上分析，我相信已经能够解答中国人到底有没有钱这个疑问了。对大多数人来说，现在不是谈论有没有钱的时候，而是努力赚钱的时候，我们才刚上路哎。归根结底，衡量一个国家的民众有没有钱的标准，不是这个国家的政府有多少外汇储备，不是这个国家的政府有多少财政收入，不是这个国家的企业收购了多少海外资产，更不是这个国家的奢侈品消费能力有多强。要想知道中国人有没有钱，你只需要去问问：城里人是否买得起房？农村人是否生得起病？工薪阶层是不是吃得起猪肉？仅此而已。

第四章
中小企业的融资与地下金融

在开始我们这一章之前，首先要弄明白什么是融资。所谓融资就是资金融通，说得通俗一点就是把有钱但不急需用的人手头上的钱集中给某些需要用钱但是手头缺钱的人使用。对于咱们大部分老百姓来说，需要通过“融资”解决的问题实在不多，通常可能是在买房、结婚、生病等迫不得已的时候才会想起来去借钱，平时还是不太喜欢求人支援的，这也是由我国特定的文化背景决定的。

但是，对于企业却不一样，在企业的运作过程中，几乎每时每刻都可能需要大量的资金支持，然而作为一个企业不可能时刻准备着大量的足够的现金来预备进行这样的支付，因为企业的目的就是赚钱，把这么多钱闲置在那儿是一个极大的浪费，钱只有在流通中才能创造价值，所以作为一个有效率的企业，很少会这么做。因此，当某个企业需要资金时，往往就会通过某种手段去融资，以保证企业的运作。对于那些大型企业、集团而言，融资的难度相对来讲就不是很大了，因为他们就像那些航空母舰，即使出现一些问题，一时半会儿也沉不了，信誉和稳定性都相对较好，所以风险就比较低，很多金融机构都乐意为其提供资金。对某些财务状况非常好的企业，银行们甚至相互之间掐架争着要给他们资金：大哥，您行行好，就借我们的钱吧，我们质优价廉，童叟无欺。但是，所谓“朱门酒肉臭，路有冻死骨”，中小企业可就没这么好的待遇了。那么，中小企业的融资为什么会出问题呢？这还得从其本身谈起。

中小企业的概念不是绝对的，而是相对于大企业而言的。中小企业一般是那些规模较小或处于创业阶段和成长阶段的企业，具体来说就是那些没有较大规模、企业人数不多的企业，或尚处于向较大规模方向发展的企业。这些好像是废话，那么简单点说，那就是现在大学生找工作，如果你问一个人：您工作找哪儿了？如果对方一低头，满脸羞愧地报出一个你没什么印象的企业的名字，那几乎就是所谓的中小企业了。可见，中小企业是连“和白菜一个价的大学生”都比较鄙视的这么一个企业群体。

中小企业虽然看起来不起眼，但是在数量上却是占据了绝对的优势，这也难怪，好不容易凑点钱注册一个企业，要做大做强哪有那么容易，就凑合着过吧。截至2003年年底，我国312.6万个企业法人中（不包括乡镇企业和个体工商户），1000人以下的中小企业占99.4%，50人以下的小企业占82.1%；中小企业上交的税收占全国全部税收收入的43%，提供了75%的城镇就业机会。

小链接1：

以浙江为例，浙江国土面积排全国第25位，人均耕地排26位，而GDP排第4位，出口、社会消费品零售额排第4位，固定资产投资、企业法人和人均可支配收入排全国第3位。2004年浙江省个体私营企业就业673.4万人，总量居全国第一。在全部工业中，国有企业仅占9.6%，非国有占90.4%。温州市民企占全市企业数的98.8%，产值占全市产值的96.7%，中小企业占93.6%，上缴税收占全市的70%，外贸出口占95%，就业占全市的80%。

小链接2：

从深圳市的情况看，中小企业已经支撑起经济的半壁江山。中小企业数占企业总数的99%，主要分布在工业、商贸、旅游及服务业等行业。中小企业对工业总产值、工业增加值的贡献超过50%，实现销售收入占62%，利税占51%，加工贸易出口额占88%。

由此可见，中小企业在市场经济中占据了相当重要的地位，具有不可替代的作用。在我国，中小企业大多数是劳动密集型企业，大型企业多是资本密集型企业。这里你可能要问了，这都是什么意思啊？所谓的劳动密集型企业，就是在生产过程中使用的劳动力的数量相对比较多，比如纺织、服务等行业；而资本密集型企业则使用的资本数量相对比较多，比如钢铁、石化、汽车等行业。所以，中小企业在安置劳动力就业方面发挥了很大的作用。同时，在中小企业比较密集的地方，比如浙江、广东、江苏等，税收达到了当地财政总收入的60%以上，正是它们勤勤恳恳地养活了咱们广大的公务员同志。中小企业不仅解决了很多就业问题，减少了国家的社会保障支出，同时还贡献了大量的税收，正所谓一举多得。但是，中小企业的生活却很不好过，尤其是当它要进行融资的时候。

确实，中小企业和那些大型企业很不一样，大型企业的所有权和经营权往往是分离的，就是企业的老板——董事们较少参加企业的管理，而是让经理们具体负责。而中小企业可没分得那么清楚，我们对这些企业主有一个生动具体的称呼——“老板”，反正这个企业是他的，实际上具体管事的也是他，就是自己对自己负责，老子说了算。所以这就对所有者的能力提出了很高的要求，企业的成败往往很大程度上看“老板”行不行，很少有外来的经理人发挥的空间。同时呢，这样的企业往往有错综复杂的家族背景关系。你想，本人好不容易草创了一个企业，虽然说手底下人不多吧，要我一个人管着几十上百号人也会累得够呛，精力实在是有限啊。从外面找人来管吧又不放心，不过刚巧，咱七大姑八大姨都闲着没事干呢，把他们拉进来一起干，有钱大家一起赚，本人也放心，岂不一举两得？但是这样一种结构在管理上会产生很多不利影响。比如说，小舅子在企业里犯了错误，本来想按规定“修理修理”的，无奈晚上“枕边风”甚为强劲，最后往往也就大事化小，小事化了了。最后，多数中小企业内部的管理职能没有进行专业的分工，往往出现一人身兼多职的情况，经常出现左手管右手的“黑色幽默”。总而言之，言而总之，中小企业是比较“不规范”的。

除了上述的在产权和管理上的问题，中小企业在我国所处的政策环境也比较差，较少被考虑到，好像没娘的孩子被有意无意地忽略。此外产品层次低和产品质量不高，科技创新能力不强，企业管理者的学历、知识结构普遍较低等因素也使中小企业的风险看起来相当大，而实际统计数据显示也确实如此。

中小企业的融资困难是由多方面原因造成的。

首先，中小企业的信用度较低。以青岛市为例，63.7%的企业根本未参加任何资信评估，而参加者的信用等级也普遍较低，被评为AA级及以上的企业只有3.3%。所谓的信用评级就是由专门机构对企业的信用状况作出评价，给出不同的信用等级，按信用从高到低分别为：AAA级、AA级、A级、BBB级……可怜的是，银行对中小企业的贷款常持过分审慎的态度，即使你获得了AA级或以上，贷款时银行也不太认可，本来可以享受的一些优惠条件也无法落实，可以说是备受歧视。

本来担保和抵押是一个比较好的融资手段，但是一些效益好的企业既不愿给别人作担保，也不愿请别人为自己担保；效益一般的呢，又不符合银行的担保条件，中小企业之间相互担保，常常是一家出了问题就连累一批企业，像赤壁中的曹操军，最后谁也逃不掉，比较惨烈。而且中小企业规模小，可抵押物少，抵押物折扣率高，资产评估手续烦琐，成本高。

此外，中小企业的融资形式也比较单一，融资渠道比较狭窄。我国中小企业的融资形式基本仍固守在传统的借贷手段上，对现代的融资方式比较陌生，想想也可以理解，因为很多中小企业主本身文化程度不是很高，要他们能“与时俱进”，大胆熟练地使用现代的融资手段实在是比较勉强，那是相当典型的吃了没文化的亏啊。

我国中小企业通过证券市场进行直接融资的难度很大，筹集的资金相当有限，银行的信用贷款仍是中小企业的主要渠道，占60%以上的比重。而且，我们前面说了，对很多中小企业，特别是“微型企业”来说，银行融资也是很难的，因为信用不够。但是活人哪能让尿憋死，人总是会有办法的，那就是通过民间借贷来融资。既然我手头上钱不够，那就找亲戚朋友借一点，甚至入伙大家一起干，总之不管怎么说，看在各种“面子”上怎么也得拉兄弟一把，我可以支付比银行存款高得多的利息，这样大家也算是“双赢”。虽然说这种借款风险比存银行高得多，但是利息也高很多，不承担风险哪有高收益啊！金钱的逻辑就是往那些高收益的地方跑。《资本论》中有一段话说得很好：“如果有10%的利润，资本就保证到处被使用；有20%的利润，资本就活跃起来；

有50%的利润，资本就铤而走险；有100%的利润，资本就敢践踏一切人间法律；有300%的利润，资本就敢犯任何罪行，甚至冒绞首的危险。”对浙江中小企业近几年的民间借款利率的调查也证实了这个结论，贷款期限半年以下的年利率基本上在12%左右，而3~5年的长期借款的年利率在15%左右，这样的利率相对于银行存款利率的诱惑力不是一般的高。但是这么高的利率水平对中小企业的压力是非常大的，简单地计算一下你就能理解了。比如企业的利润率为5%（其实相当一部分企业的利润率根本达不到这个水平），如果企业一半的资金是以10%的利率借来的话，那么这个企业的利润正好够付利息的，这一年基本上算是白忙活了。

如果你有机会去问问那些中小企业的企业家们，什么是他们现在最需要的？估计90%的企业给出的答案当中排在最重要位置的就是融资。而在今天经济危机的背景之下，融资难更是让不少的企业资金吃紧、雪上加霜。我们应该也看到了很多这方面的新闻，不少企业正在因为自己的资金周转不灵、借贷无门而不得不倒闭。

小链接3：

2008年7月中旬，浙江颇有名气的金屋集团老板张正健突然失踪，这让众多聚集在金屋集团总部门口讨债的人们情绪激动，张正健失踪的原因被推测为躲避高利贷。根据当地政府公布的数据，金屋集团涉及欠款为17亿多，其中14亿为民间借贷，本金为8亿，利息为6亿。从2007年至今，浙江民企老板突然失踪的新闻并不新鲜，大多是因为他们欠下了上亿的高额债务。2007年11月，浙江宝兴汽车销售有限公司创始人叶荣突然下落不明，传闻欠债近5亿元。2007年8月，浙江义乌招牌餐饮店一番餐饮老板朱世南突然失踪，据传当事人欠款约3亿。2008年5月，台州飞跃集团资金链断裂，创始人邱继宝向政府提出破产申请。众多中小企业倒在了断裂的资金链下，在外部环境困难重重的背景下，如何解决融资这个难题正前所未有地凸显出来。

上面例子中的飞跃集团本身是很不错的，资金链也没有什么问题，那么问题出在哪里呢？出在担保上了。它牛气烘烘地去为另外一个集团做担保了，不料那个集团出了问题，它的担保就连带出问题了，然后就是信用等级的急剧下降，接着就是银行切断资金来源。所以不能叫企业死就死了，死了活该，它一死，和它关联的企业就要被拖进去，这个危机就要蔓延开来，这就真的“无穷匮也”了，大家明白为什么美国这么一个崇尚自由市场的国家不让某些企业随便倒闭的原因了吧。那么怎么解决中小企业融资难的问题呢？

一是在证券市场里面专门设立中小板，这个我们已经开始了，但是能够从里面筹措资金的中小企业还只是一小部分，因为它设了较多的门槛。另一个办法就是由政府向专业的中小企业贷款机构提供补助。比如向中小企业贷了一百笔款，坏掉了一笔，可能一般的贷款机构在这种情况下就不想干下去了，但是政府说那笔坏掉的贷款我来补贴，你还要继续为国家发光发热干下去。现在的主要问题是政府的投入不够，经济不景气，政府也没余粮啊！

还有其他的办法，就是在一个行业里面，在行业组织的协调下进行企业之间有规则的资金拆借。在行业里面大家都知根知底，你个人信用怎么样，企业经营状况怎么样，大家都清清楚楚，想忽悠还是比较困难的，于是就可以规范。比如大家约定10%的利率进行项目之间的拆借，来解决短期资金缺口，这样就避免了企业到地下钱庄去借钱，去借高利贷。

信用互保也是一种方式，比如一个行业成立了一个信用组合，里面有10家企业，每家拿出10万元钱，这样就有100万了，然后拿这100万到银行做担保，要银行贷款给企业。任何一家企业提出贷款，都是以这100万做担保。实际上同样的信用状况下，通过联保企业可获得的贷款资金额度放大了10倍。

最后还有一种可以探索的就是中小企业联合债券。单个的中小企业很难发行公司债券，比如说你需要2000万资金，但是为这区区2000万发行公司债券成本可能就要几百万，那还怎么玩得转？所以一个行业里面或者某一个相关产业链行业的中小企业可以结合起来，作为一个信用共同体，联合发行公司债券，以解决长期资金融通的问题。

总之在经济危机的环境下，很多企业都已在一条船上了，要度过危机，解决中小企业短期资金融通的困难，最关键的是相互帮助，进行自救，所谓的“从来就没有什么救世主，也不靠神仙和皇帝”，全要靠我们自己。

上面谈到了民间融资对中小企业而言是一个很重要的资金来源，而从民间融资过程中我们也可以依稀发现一个隐约的庞然大物——地下金融。下面就和大家简单聊一下地下金融的情况，权当消遣，大家完全可以沏一壶茶，悠闲地听下面的故事。

20世纪80年代中期以来，我国经济逐步出现了这样的现象：以民间借贷、地下钱庄、“标会”等形式的地下金融活动在沿海发达地区日趋活跃，并且从经济发达地区逐步向次发达及落后地区发展。这种现象被人称为：地下金融。说起这个词，恐怕很多人脑海中出现的印象会是：在灯火忽明忽暗的地下室，一帮类似黑社会性质的人提着装满现金的密码箱偷偷地干某种见不得人的勾当……其实，实际情况与此还是有很大出入的。所谓的“地下”，倒不是说这种活动发生在地下，而是说明这些活动包括非法行为、缺乏纳税义务、没有统计在官方报表之中、在官方的监督之外等。而且地下金融往往与黑社会有着某些联系，这也可以理解，任何活动想要长期发展都得有一个“规范”之类的东西，既然对“地下”的东西没有政府这个最大的权力机构来规范，那么退而求其次，找某些有“信誉”、有“规矩”的黑社会来规范也就顺理成章了。

2005年末的统计结果显示，仅温州的民间金融规模大约有400亿~420亿元；花旗银行的一份研究报告估计：在2004年5~10月期间，银行居民存款流失额在9000亿左右，这些资金都用于自己投资或民间融资。地下金融为中小企业的融资提供了便利的渠道，对地方民营企业的发展作出了不可估量的贡献。但是地下金融的负面影响也越来越严重。2003年5月，福建福安25亿元民间标会崩盘，标会影响了当地80%的家庭；内地每年有120亿港币通过“地下保单”流入香港保险市场，占据了香港寿险市场份额的1/3、内地个人寿险收入的1/10，给我国境内保险公司带来了严重的冲击；2004年调查显示广东省29个县的农户购买地下六合彩的资金高达33.3亿元，估计流失金额为13.3亿元，平均每个农户损失300多元……

蓬勃发展的地下金融，不但反映了国人财富的增长，还反映出了人们蠢蠢欲动的急切的暴富心理，再次证明了马克思所说的资本天然的逐利性。

由于地下金融的形式很多，这里咱们篇幅有限，所以只选取存贷型的地下钱庄来和大家相对详细地聊聊。

存贷型的地下钱庄经营范围相当有限，只有存款和贷款业务，有些地下钱庄甚至只有贷款业务（放贷资金为自有资金）。这也说明这个钱庄的老板是个阔佬，他自己的钱放贷都放不完，你说牛不牛？

一般这种钱庄存款和放贷都采取现金方式，没有转账业务也没有票据业务，可谓是“因为专注，所以专业”。吸收存款的对象往往是本地村民或市民，通过亲友关系介绍招揽存款。一些地下钱庄形成一定规模后，会享誉当地，也能吸引一些人主动上门存款，可见招牌的重要性啊！放贷的对象集中于业务根基不深、可抵押财产有限的中小私营企业主，或是生活中因疾病、婚丧嫁娶等出现资金周转困难的村民或市民。

无论是存款还是贷款，都是高利息，甚至数倍于银行利率。借贷双方彼此比较了解，放贷也没有什么担保，以口头承诺为主，或者只需要一种简单的借条，往往没有成文的贷款契约。存款时，钱庄一般会向存款人开一个存款凭证。

不过它们的寿命往往不会很长，或被取缔或因为贷款收不回来、无力支付存款利息而陷入困境，这充分说明银行不是什么人都能开的。总体看来，存贷型地下钱庄业务简单，甚至没有任何金融知识的老大妈也能操作，正所谓简单明了，老少皆宜。

小链接4:

何某是浙江余姚市的一名农妇。2003年9月到2005年2月的一年半时间内，她以2%~5%不等的高利率为诱饵，吸引附近村民来她所办的“银行”存款，累计存款超过290万。同时，她又将村民的钱以10%的高利率借给急用资金的亲戚朋友或本乡村民，靠存贷差从中获利20余万元。何某的妹妹是个赌徒，她见姐姐手上有钱了，开始向姐姐借钱赌博，何某陆续把150万元借给她。2005年2月，何某妹妹因赌博被判刑，其所借100余万赌资无法归还。由此何某资金链断裂，许多地下钱庄储户的到期存款无法归还，高额利息无法兑现，他们只得向公安机关报案。

信用是金融业的本质，而地下钱庄符合这个规律，因为其基础在于血缘、亲缘和地缘关系，其存款和贷款都是靠我们特定的民间信用为交易基础的，它们能长期存在正是因为它们的信用基础。它们能吸收存款首先是因为有较高的利率，但是储户除了考虑收益，还要考虑风险。而正是因为有各种民间关系存在，才使得他们比较放心地把钱交给地下钱庄，因为大伙儿基本生活在一个圈子里面，如果他“乱来”的话，以后也就很难在这个圈子里面混下去了，这也是地下钱庄一旦出现问题，其主人马上“跑路”的重要原因之一，除了怕报复，更关键的是怕碰到熟人。

地下钱庄的客户群体相对固定，有较强的地缘性，跨地区的比较少见，即使在一个地区开设多家“分行”的也很少见。它们对存款对象一般没有地域限制：反正你把钱交给我，我可不管你是哪个庙的；但对放贷对象却有严格的地域限制，要求对贷款人的情况很熟悉，这样容易控制风险。你看，其运作是不是相当“科学”？

此外，它们还提供“个性化服务”，利率可以商量，借贷金额也可以商量，可以分次贷款，也可以一次贷款。总之一句话：大家都是自己人，万事好商量。对于无法获得正规银行金融服务的对象，它们满足了这些人的需求，这就是它们的“群众基础”。这充分说明了经济学的一个重要规律：有需求就会有供给。

第二部分

股票的逻辑

第五章
股市是怎样炼成的？

从这一部分起，咱们就来聊聊股市里的那些事儿。股市嘛，就是股票交易的市场，本质上似乎跟菜市场也没什么区别，只不过是里面买卖的东西有点特殊——股票，还有一个重要的区别就是菜市场里往往是污水横流，鱼腥味连绵不绝，而证券交易所则是窗明几净，看着像是高级场所，仅此而已。随着中国社会经济的发展，股票这个话题逐渐热门起来，一夜之间也蹦出来许多所谓的股市专家，指指点点，好不热闹。久而久之，连菜市场卖菜的大妈也与时俱进，对这个“新鲜”事物有了兴趣。

其实呢，虽然有很多人对这个玩意儿有兴趣，不过大家都没系统地了解过有关股票的一些基本概念，所以，在这里先普及一下股票的基础知识，我认为很有必要。

股票到底是什么？股票是股份证书的简称，是股份公司为筹集资金而发行给股东作为持股凭证并借以取得股息和红利的一种有价证券。简单地说，股票代表对一个公司的所有权，比如一个公司一共发行了1000股股票，你买了1股，这个公司的千分之一就是你的。股票具有稳定性，是一种没有期限的长期投资，比如你买了1股中石油的股票，现在中石油的股价是20元一股，只要中石油还在，你如果想拿着这个股票向中石油换20元钱，那是不行的，你只能在股票市场卖给那些需要中石油股票的人。

股票是有风险的，企业可能倒闭，股价也可能“飞流直下三千尺”，我相信只要在去年混过股市的难兄难弟们都会对此有深刻的认识。那么买了股票后有什么权利呢？股票的持有者就是股份有限公司的股东，他有权或通过其代理人出席股东大会、选举董事会并参与公司的经营决策。股东权力的大小，取决于占有股票的多少。当然啦，咱们普通老百姓买的股票数量相对比较少，被那个很大的分母除后就变得可以忽略不计，所以前面的那些权利就不可能接触到了。

股票按股东权利分，一般可以分为普通股和优先股。所谓普通股就是普通的股票啦，你可能会说了，这不是废话嘛！一般我们买卖的股票就是普通股，有普通自然就会有特殊，优先股就是有那么点特殊。如果分派股息，优先股的股东就有优先领取的权利。另外，如果你比较点儿背，买的股票的那家公司破产倒闭或解散了，公司将所拥有的那些“破铜烂铁”能卖的卖，所欠的钱该还的还，总之把那些烂账都搞定后如果还有剩下的，就应该分给股东们，而优先股的股东就可以优先获得分配。

那么为什么会有股票呢？股票有好处呗。对发行股票的公司来说，它可以获得大量的资金，是一种筹资的手段。前面我们讲到中小企业的融资困难，其中一点就是因为它发行股票较难。当然啦，上市以后这个企业的知名度也会提高，“上市公司”这个称呼是不是很牛气？对那些买股票的人而言，这又多了个投资理财的手段，能通过股票赚点钱当然是好事，给那些愿意承担一些风险的人提供了比银行利息高很多的收益。何况股票还为那些退休的大爷大娘提供了某种消遣的手段呢！

大家可能往往会忽略，股票其实有很多种价格。股票的面值，是股份公司在所发行的股票票面上标明的票面金额，它以元/股为单位，其作用是用来表明每一张股票所包含的资本数额。在我国上海和深圳证券交易所流通的股票的面值均为壹元，即每股一元。股票的发行价格是股票首次上市发行时的价格；而股票的市价，是指股票在交易过程中交易双方达成的成交价，通常所指的股票价格就是这个价格。当股票进入流通市场后，股票的面值和发行价就与股票的市价没有什么关系了。股民爱将股价炒到多高，它就有多高，真正的“只有想不到，没有办不到”，“人有多大胆，股市就有多大产”。

如果上市公司辛辛苦苦干了一阵子有了盈利，那么股东就可能会有股息和红利。这里之所以要加“可能”是因为咱们的股市实在是很特别，股息和红利似乎是比较难得的。那些所谓的上市公司几年不发股息和红利的也不在少数，所以如果哪天你买的股票有了这两项收入，实在是祖坟上冒了青烟，千万记得去拜拜。上市公司发放股息红利的形式一般采用股票红利和现金红利两种，即统称所说的送红股和派现金。

聊完了股票，咱们就来聊聊股市。股票市场也称为二级市场或次级市场，是股票发行和流通的地方，是对已发行的股票进行买卖和转让的场所。股票的交易都是通过股票市场来实现的。一般地，股票市场可以分为一、二级，一级市场也称为股票发行市场，二级市场也称为股票交易市场，一般我们所说的股市就是股票的二级市场。

我们已经说过，股票是一种有价证券。为什么前面要加"一种"呢？那是因为有价证券除股票外，还包括国家债券、公司债券、不动产抵押债券等。因此，股票交易只是有价证券交易的一个组成部分，股票市场也只是多种有价证券市场中的一种。目前，很少有单一的股票市场，所谓股票市场不过是证券市场中专门买卖股票的地方。可见，你看着很僵化的定义其实往往具有严密的逻辑和内在的含义。

通过股票的一级市场，普通投资者手中的钱流向了急需资金的企业；而通过股票的二级市场，需要获得现金的人可以卖出股票，而想对股票进行投资或投机的人可以买到所需要的股票。天南海北、形形色色的人在他们认为"值"的时候买股票，在他们认为"不值"的时候卖股票，所有的力量相互较量最终决定了股票的价格。在这个价格上，想卖出和想买进的股票相同，即经济学上所谓的均衡。这里我想特别强调一点，所谓的卖的多买的少是没有什么意义的，因为在任何一个时间点上，卖的数量和买的数量总是相等的，在某个价格上有多少股票在卖肯定就有多少股票在被人买，那些卖的人即所谓的"空头"，买的人即所谓的"多头"。股票市场就是一大群人的游戏场，在这个游戏里只有那些判断最准确，心态最成熟，最能洞察人心、洞察经济规律的人才能成为最终的赢家，而这些都需要我们普通人不断地学习和锻炼才能达到。所以说，股市不好玩，如果你没有上述条件，出来混，迟早是要交学费的！

我们一般谈到的股市大多就是二级市场，下面我们就具体来谈谈二级市场。二级市场是已经发行的股票按时价进行转手、买卖和流通的市场，它包括交易所市场和场外交易市场两部分。二级市场的存在是相当重要的，如果没有二级市场，你作为企业的老板想发行股票让别人来买是相当困难的，这个对你的忽悠能力要求太高。发行股票相对于发行债券的一大好处就是不用担心还本，顶多如果业绩好就发发红利、股息之类的。之所以在这种“不退不换”的霸王条款下还有很多人对其趋之若鹜，主要就是因为有二级市场的存在，股票持有者可以随时卖给下家，这就是教科书上常说的“使长期投资短期化”。而且人的通病之一就是盲目自大，很多人相信自己可以通过“低价买，高价卖”的方式从傻瓜那儿赚钱，于是很多人都加入到这个队伍中来，于是股市里的傻瓜就越来越多了。股市市场上的价格是很多人综合作用的结果，是经济动向的晴雨表，它能灵敏地反映资金的供求状况、市场供求、行业前景、政治形势等的变化，而许多宏观调控手段（财政、货币政策）也被很多人当作各种“利空”或“利好”的消息。扩张性的政策比如降低利率（扩大货币供给）常常被看作“利好”消息，因为利率降低说明投资其他产品，比如债券，收益比较低，这会促使一部分资金流进股市从而拉升股价。

股票在市场里到底是怎么交易的呢？可能很多人对此还比较糊涂。一般说来按决定价格方式的不同，股票交易方式可以分为议价买卖和竞价买卖。议价买卖就是想买的人与想卖的人一对一地谈，通过讨价还价达成买卖交易，其实也跟买菜差不多，一般是场外市场交易。竞价买卖是指买卖双方都拥有由若干人组成的群体，双方公开进行双向竞争的交易，所以交易不仅存在买卖双方出价和还价的竞争，而且存在买者群体和卖者群体内部的竞争，最后在买方出价最高者和卖方要价最低者之间成交。这种交易方式比较公平，产生的价格也相对比较合理。

而按照达成交易的方式不同，也可以分为直接交易和间接交易。直接交易就是买卖双方直接洽谈，股票也由买卖双方自行清算交割，整个交易过程不涉及任何中介，所谓“一手交钱一手交货”，场外交易绝大部分是直接交易。间接交易是双方不直接见面和联系，而委托中介人进行股票买卖的交易方式，证券交易所中的经纪人就是这个中介人，当然你是要交佣金的。咱们一般人所涉及的股票交易就是竞价买卖、间接交易。

前面咱们说过，股票只是有价证券的一种，这些有价证券进行交易的实体场所就是证券交易所。我国的证券交易所有两个，分别在上海和深圳，人称“上交所”、“深交所”。

上海证券交易所是我国目前最大的证券交易中心，成立于1990年11月26日；深圳证券交易所是老二，于1991年7月正式营业。目前，这两个交易所上市的证券品种有股票（A股和B股）、国债、企业债券、权证、基金等。有人可能要问了，A股、B股到底是什么意思呢？确实，它们在媒体上出现的次数很多，却很少有人知道是什么意思，对此很多人是比较郁闷的，感觉自己“OUT”了。简单地说，A股是用人民币计价的且在我国境内上市的，向中国公民发行，让我国的老百姓进行买卖交易的股票；而B股虽然也是在我国境内上市的，但它是以美元、港元计价，面向老外发行的股票。

股市中交易的股票有很多，同一天，有的股票跌了，有的股票涨了，那么我们怎么来衡量整个股市到底是跌了还是涨了呢？这个衡量指标就是股票指数，它和物价指数有点类似，实际上股票指数就是股票的价格指数。

要搞出这么个指数是很不容易的，世界上最早的股票指数是由查尔斯·道发明的，这就是大名鼎鼎的道·琼斯指数，估计很多人都听说过。要计算股票指数，首先要确定一个基础，比如某年某月的股价水平，把这个基期的股票价格水平作为100；选取一些有代表性的股票，比如中石油之类的，然后通过数学上的加权平均、算术平均之类的方法，算出能代表这些股票价格的一个“综合价格”。比如算出来股价指数是200点，就说明与基期的时候相比，整体股票价格水平上涨了一倍。如果你不了解加权平均、算术平均是什么玩意儿，那也没什么关系，这对咱们似乎也没什么大的影响。世界上非常有名的股票指数有下面这几个：

历史最悠久的自然是道·琼斯指数，现在道·琼斯股票价格平均指数共分为四组。第一组是工业股票价格平均指数，它由30种有代表性的大工商业公司的股票组成，且随经济变化而发展，大致反映了各个时期美国整个工商业股票的价格水平；第二组是运输业股票价格指数，包括20种有代表性的运输业公司的股票，即8家铁路运输公司、8家航空公司和4家公路货运公司；第三组是公用事业股票价格平均指数，由代表美国公用事业的15家煤气公司和电力公司的股票所组成；第四组是平均价格综合指数，它是综合前三组指数而得出的。一般引用最大的是第一组——工业股票价格指数。

除了道·琼斯指数，标准普尔指数、纽约证券交易所股票价格指数在美国也很有影响，日本也有日经道·琼斯股票指数。但是跟我们息息相关的肯定是咱们的国货，下面就谈谈咱们国家的股票指数。

香港恒生指数是香港股票市场历史最悠久、影响最大的指数。“恒生”这个名字不错，让人想到“恒升”，一直升，愿望是好的，不过不符合实际。其实它是由香港恒生银行于1969年11月24日开始发表的，包括香港这么多上市公司中挑选出来的33家有代表性且实力雄厚的大公司股票及香港的各个行业，并占香港股票市值的一半以上，它是以1964年7月31日为基期的。

上证指数是由上海证券交易所编制的股票指数，1990年12月19日正式发布，该指数包括了所有在上海证券交易所挂牌上市的股票。这个指数计算时，权数是上市公司的总股本，但是因为我国比较特殊，“初级阶段”嘛，股票有流通股和非流通股之分，所以能流通（就是能交易）的和总股本不一致，所以只要是总股本较大的股票对指数的影响就大。那么一些机构大户只要买卖一部分流通股就能通过那个庞大的总股本大大影响指数，颇有点“四两拨千斤”的妙处，所以可能会使股票指数与大部分股票的涨跌相背离，所以大家看上证指数的时候要特别注意这一点。不过我一直不明白当时怎么就弄了这么个残次品指数来忽悠老百姓。

深圳综合股票指数，即所谓的“深综指”，它是由深圳证券交易所编制的，以1991年4月3日为基期，它的编制方法和上证指数基本一致，同样是个次品。犯一个错并不难，难的是一直犯错，但是看看这两个指数，我国毕竟人才辈出，完美地做出了这个高难度动作，真是可惊可叹。在前些年，由于深圳证券交易所的股票交易不如上交所活跃，就改变了股票指数的编制方法，采用成分股指数，其中只有40只股票入选并于1995年5月开始发布，即所谓的“深成指”。

说到这儿，明白人应该就能看出来股票指数就是投资组合市值的正比例函数，其涨跌幅度是这一投资组合的收益率。俗话说牛赚熊赔，就是说牛市中股民盈利，熊市中股民赔钱。但是我很遗憾地告诉各位，这句话是不够准确的，说句泼凉水的话吧，即使在牛市中，如果把咱们大部分人作为一个整体来看，未必就能盈利，且听我慢慢道来：

如果一个牛市是可逆转的，股民只赔不赚！比如从2006年下半年开始，股指加速上涨，2007年一举攻破6000点大关，但是在短短不到一年的时间又跌破2000点，“一夜回到解放前”。所以，几乎可以肯定地说，所有的牛市都是要逆转的，虽然从长期来看，股指是震荡走高的，但是几乎所有的股民持有股票的时间都不可能这么长。当从大牛市的开始，比如2000点，冲到了6000点，又回到2000点，对于个别股民而言可能有赚有赔，相互之间转移了财富而已。但是对于股民群体而言，不但无所得还有所失。因为你要知道咱们国家搞股市不是搞慈善，你是要交税和交手续费的。

其次，牛市中股民要为配股与新股的发行付出额外的代价。因为配股和新股的发行是参照二级市场的价格进行的，二级市场上股价越高，发行价就越高。高价的时候买了新股，到指数跌回的时候，就相当于所谓的“套牢”了。只不过二级市场上的套牢只是股民之间资金的转手而已，你套牢了就肯定有人赚了；而一级市场的这种套牢资金就流向了上市公司，这对股民整体来说是一个巨大的损失。比如青岛啤酒发行，每股成本价约12.8元，但其净资产只有2元，也就是说股民花12.8元只买了2元的净资产，股民的投资收益率还不如国库券呢。

即使是大牛市，股民也不一定就盈利，特别是我国的股民。因为我国股民实在太过灵活机动了，是真正的“打一枪换一个地方”，股民手里的股票进进出出好不快活。在西方一些较成熟的股市，年换手率一般只有30%左右，交易成本几乎可以忽略。但是我国股民的换手率是百分之几百，流通股给股民创造的税后利润可能都不够交易成本，辛辛苦苦赚的那些“指数”都上缴国家养活公务员和给经纪人发工资了，你说什么叫觉悟？这就是新中国股民的觉悟！

说到这儿，有些想入市的朋友几乎绝望了；但有些自信、生猛的仁兄还会义无反顾地投身股市，因为他们相信，这些对整体股民的分析从来不适用于他们，股市有赔钱的，就肯定有赚钱的，虽然赚钱的只是少数，但他们就是那些少数的人。到底能不能赚钱？你想赚钱，那么让谁赔钱？这似乎只有老天爷才知道了。

说到这儿，我们应该对股市有了基本的认识，下面接着聊下去就有了一个共同的基础。但在继续下一章之前我还是先把几个热点的词汇罗列一下，方便读者，利国利民。

小链接1：市盈率

市盈率是指在一个考察期（通常为12个月的时间）内，股票的价格和每股收益的比例。投资者通常利用该比例值估量某股票的投资价值，或者用该指标在不同公司的股票之间进行比较。市盈率通常用来作为比较不同价格的股票是否被高估或者低估的指标。一般认为，如果一家公司股票的市盈率过高，那么该股票的价格就具有泡沫，价值就被高估。然而，当一家公司成长迅速以及未来的业绩增长被看好时，股票目前的高市盈率就可能准确地估量了该公司的价值。

市盈率等于普通股每股市场价格除以普通股每年每股盈利，每股盈利的计算方法是该企业在过去12个月的净收入除以总发行已售出股数。假设某股票的市价为24元，而过去12个月的每股盈利为3元，则市盈率为24/3=8。该股票被视为有8倍的市盈率，即每付出8元可分享1元的盈利。

小链接2：全流通

我国股市成立时制度比较特殊，一家上市公司发行的股票中有很大一部分不能流通（即在交易所公开买卖），包括国家股、法人股等，这就是所谓的“股权分置”或“全流通”问题。一般投资者购买的是可以流通的流通股。这就造成了很多问题，比如大股东

（一般都是非流通股）并不关心股价的高低（反正不能卖），他们可以做一些对自己有利但对全体股东（公司）不利的事而不必担心股价会跌，比如转移利润、为他人贷款担保。有的大股东甚至将流通股东看作是“提款机”，把流通股东出的钱当成不要成本的“善款”。这极大地影响了股市的正常发展。目前正在进行的“股权分置”改革，就是要让所有的股票都可以自由买卖，也就是“全流通”，让股市在制度上走向完善，让其正常发挥作用。另外，如果全流通，则相当于扩大股票的供给，一般情况下会降低股票价格。

小链接3：大小非

非：即非流通股，即限售股，或叫限售A股。小：即小部分。小非：即小部分禁止上市流通的股票（限售流通股占总股本比例小于5%，在股改一年后方可流通，一年以后也不是大规模的抛售，而是有限度的抛售一小部分，为的是不对二级市场造成大的冲击）。反之叫大非（限售流通股占总股本5%以上者在股改后两年以上方可流通，因为大非一般都是公司的大股东、战略投资者，一般不会抛）。解禁：由于股改使非流通股可以流通，即解禁（解除禁止）。“大小非”解禁：增加市场的流通股数，非流通股完全变成了流通股。

非流通股可以流通后，他们就会抛出来套现，就叫减持。通常来说大小非解禁股价应下跌，因为会增加卖盘打压股价；但假如大小非解禁之后，其解禁的股份不立刻抛出来而且如果市场上的资金非常充裕，则可能不会出现股价的明显下跌。

第六章
股市为何暴涨暴跌?

2006年到2007年，上证指数从1000多点涨到6000多点，股市上涨了5倍。难道是这两年中国经济一路向好，企业效益翻了5倍？我想只要你没嗑药，肯定知道没那回事儿。那么如果企业的效益没有好到股票那么值钱的程度，又究竟是什么原因导致了中国股市的这轮暴涨呢？

回顾历史，大家会发现自己被股市玩了。从2001年6月23日开始国有股减持，此后是整整5年的熊市。2001—2005年，上证指数从2247点一路跌到998点。大家一度都认为1300点是到底了，没想到中国股市生动地教育了股民什么叫作“一切皆有可能”，股指击穿1000点，真正的深度套牢。正在大家寻死觅活的时候，中国股市居然突然雄起了，2006—2007年一口气涨了5000多点，真是神奇。

要想知道那轮股市暴涨的原因，我们必须去探究其背后发生了什么。我想首先要考虑的是股权分置改革的完成。

给大家普及一下知识，在国有企业上市的时候，全部股本中的国有股和法人股占51%，是不允许买卖的，其余的49%才可以买卖。为什么呢？因为党说咱们是社会主义国家，国有企业要占主导地位，企业的所有权性质不能发生变化，即国家占绝对控股地位。如果经历过高考，你一定对政治课本的这个知识点不陌生，可见经济和政治真是密不可分啊。而到了2001年6月23日，我国推出了国有股减持计划，为什么呢？

大家都知道那个时候有个国企改革，有个下岗工人问题。按说改革就改革呗，下岗就下岗呗，谁下岗谁倒霉。但是你可以这么说，政府不能这么说，这些下岗工人为国家辛辛苦苦了大半辈子，常年拿这么低的工资，没什么积蓄，下岗后生病了怎么办？孩子上学怎么办？为了防止他们造反，咱们的政府还是想得很周到的，建立了一个社会保障账户，为他们存上2万亿人民币，如果工人失业下岗，可以先从这里取钱。听着似乎不错，但是这里有一个很关键的问题——钱呢？要知道，政府也拿不出这么多钱啊，俗话说得好，“收成不好，地主家也没余粮啊”。印钞票？这是绝对不行的，咱们前面讲过为什么了。想来想去，就把主意打到上市公司的国有股上了。

把国有股卖了，卖的钱存到这个账户上不就解决了？当然是按市场价来卖的。谁知，消息一出，股价大跌，全国股民都慌了，因为扩大股票供给势必使股价下挫。没办法，扛不住了，证监会在一年以后决定国有股暂停减持。尽管如此，股市还是义无反顾地下跌。你精股民也不傻啊，大家知道国有股最终是要减持的，有这么个定时炸弹埋在那儿谁敢随随便便往里面冲啊？经济学上这个叫预期，所以说预期是相当关键的。所以中国股市从2001年开始就从来没有牛气过，有很多被套者都等得花儿不知谢了多少回了。

到了2005年，中国政府和证监会出台了股权分置改革计划，这个看上去似乎只是重新包装了一个概念而已，但是事实上这次股改的确很吸引人。它一方面给流通股送赠股作补偿，另一方面又对全流通作了一点限制，就是在股权分置改革完成后，国有上市公司的国有部分股票暂时还不允许卖出，一年以后才可以慢慢地卖。换句话说，大中型国有企业这些原本不可流通的股票在限售期内是不允许卖的，只能等解禁时间到了分批一点一点往外卖。这一改可谓是皆大欢喜，首先把不可流通的法人股的积极性调动起来了，可流通、可变现，这可了不得，当年一元两元买的，现在卖出去是市场价了，赚大发了，大家唯一做的一件事就是蹲在家里天天按计算器算着自己到底赚了多少钱；国有股高兴，流通股东也愿意。什么叫代表最广大人民群众的根本利益？这就是！

看着政府这么认真，把解禁时间表都弄出来了，还有这么多实惠，那咱们小老百姓还等着干吗？赶紧开工往里面冲吧！这就是所谓的稳定了预期，为股市腾出了足够的上涨空间，提供了暴涨的前提条件。但是仅仅有这种想象空间是不够的，资金进去容易，出来呢？要知道，进入的人都是希望着出来能赚钱的，买进是为了卖出啊！

今天你1000元钱冲进去了，明天2000元钱出来不难；今天10000元钱进去了，20000元钱出来也不难；但是10亿进去呢？这就比较难办了。所谓“韩信点兵，多多益善”实在是一种很高的境界，只有牛人才能自信地这么说，因为大有大的难处。比如你10元买的股票涨到100元了，如果只有几千股，那没什么问题，但是如果有几千万股，你怎么卖出去？谁买啊？最后你可能连50块钱都卖不掉，那就是白搭。那么怎么才能安全出来，落袋为安呢？

除非你买的企业效益实在太好，市盈率比较低，看起来很合理，大家愿意买，不过这基本上不怎么靠谱；或者市场太热情了，太奔放了，像打了针一样，对未来特别踏实特别有底气，相信股价还能涨，敢买。正好中国就碰上了这种情况。那几年中国经济高速增长，一片欣欣向荣，又逢2008年的奥运会，太有炒作空间了！

好了，现在什么都有了，那就买呗。可惜的是，很多老百姓还是没看明白，看着股市稍微有点起色，赶紧跑吧！前面被套怕了，每次想跑都没跑成，这次可别错过了，要学习“范跑跑”精神。但是，大资本们看明白了，一些民间资本看明白了，券商资本看明白了，铁血的投机者也看明白了，他们一点点进场，慢慢地在低处接筹码。这些先知先觉者们就是第一股力量。

所谓赶得早不如赶得巧，2005年7月，如果记性好的话，你应该还记得这个关键的时间点，中国启动了汇率改革，扩大了汇率的浮动范围，人民币兑美元比价调整为8.11，于是人民币开始了升值的漫漫征途。于是第二股力量就来了，那就是境外资本、国际热钱。关于人民币升值的逻辑，我们前面已经聊过了，这里不再赘述。

境外资本大鳄，那都是些什么人啊，什么事情没经历过？他们太清楚人民币升值意味着什么了，赶紧跑到中国来，肯定没错的。外资既可以买中国的房产，还可以买中国的股票，因为那时中国的股市很安全，才1000多点。那时据有关部门统计，明面上的49家QFII（境外机构投资者）在国内持有的证券资产市值近2000亿元人民币，实际上据不完全统计，有上千亿美元资金从各种渠道流入中国股市。这还是不完全统计，实际上也根本不可能完全统计，天知道到底有多少外资跳进来了！

伴随着外资源源不断地流入，这时中国的股市就开始发烧了，基金开始好卖了，大家见面第一句话就是“今天你买股票了吗”或者是“今天你买基金了吗”。仅在2006年，新基金发行就有89只，规模将近4000亿，其中过百亿的基金就有7只。这就是第三股力量，而且越发不可收拾。到2007年，基金发行了73只，资金募集规模超过4200亿。

终于，最后一股力量，也是最重要的力量进入了股市，那就是数量庞大的民间储蓄，这个时候全国人民已经彻底疯狂了。前面我们讲过中国银行里面的储蓄规模，足以做到买什么就涨什么，绝不打折扣，那是相当彪悍的。钱是个好东西，看着周围炒股的人，只要是个人，脑子没进水，买了股票就能涨，就能赚钱，一夜之间就冒出无数所谓“最牛股民”。既然他们可以，我为什么不可以？全国人民充分实践了“没有最牛，只有更牛”的理念，赶快买吧，买了就能赚，多买多赚，童叟无欺！股市是江湖，炒股是传销，报表是策略，跟庄是战略。如果这些成为投资者的共识，股市想不疯狂都难。有了钱的要上，没有钱的，借了钱也要上。原来只有7000万人炒股，而到2007年底，在证券公司开户的就有1亿人。中国有13亿人，有1亿人在这个江湖混，平均4个家庭就有一户在炒股，这就是全民炒股的群众运动。

每天有几十万人涌入市场，股票市值由2005年底的33430亿增加到15万亿多，上涨了4.5倍，股市一天的成交量高于以往一个月的成交量、一个月的成交量高于以往一年的成交量，整个市场的股票都在不断转手，虚假信息泛滥、内幕交易盛行。股市真是牛到了“无法无天”的地步了。中国政府看到股市太疯狂了，从2006年7月5日到2007年5月15日连续7次上调存款准备金率。大家知道，这是央行货币政策中最严厉的手段了，每上调一次冻结市场资金约2000亿。

但是中国的管理者发现：奇怪了，怎么调一次涨一次？以前的方法不顶用了。中国的股市好像跟政府较上劲了：你调你的，我涨我的。为什么？因为以前股市大涨往往是违规动用银行资金造成的，所以一宏观调控就所向披靡。但是这次股市资金的来源和以前不一样了，货币政策也没辙。不听话是吧？那我就用财政政策，提高证券交易印花税！不信搞不定你！2007年5月30日，政府宣布提高印花税率。

这一招实在太过生猛，股市听懂了，明白了政府的决心，暴跌！不跌也不行啊，不跌还不知道你会出来什么更铁腕的手段呢。于是很多人都在骂娘，所有人都不能接受。但是有些人从这里感到了危险，开始想把撤出来的资金转战楼市。他们想既然人民币要升值，那么人民币资产肯定也要升值。在人民币资产中没有比房产更典型、更有前途的投资项目了。资金进入楼市，这个问题更让政府紧张。股市至少是那些还能吃饱饭的人在玩，可楼市关系到民生，那可不得了。于是政府千方百计限制资金大规模进入楼市，出台一系列政策。对那些资本来说真是相当不爽，可谓前有堵截，后有追兵。怎么办？

资本的本性就是逐利，所谓“无利不起早”，想要暴富，楼市又被“严防死守”，其他投资领域要么不能进，要么不容易出，停下来一拍大腿：得，还是回股市去！于是股市又更加疯狂，前面那些因为担心而出来的股民又后悔了：我傻，我真傻！这次一定不要随便卖了！于是一路往上涨。什么？5000点是顶？这才刚上路呢，10000点起，还不打折。

小链接1：

各种版本的财富神话也到处流传。据说一位女士在几年前拿出2万元钱买了股票，3年后变成了2000万，她用炒股赚来的钱买了4套别墅。又有人说，一个人听到“消息”去买股票，别人告诉他股票代码，他就去买了，没想到一不留神下错了单，买了另外一只股票。回来以后很懊恼，捶胸顿足，觉得太倒霉了！没想到这只股票连拉三个涨停板。买错一只股票都能连升三个涨停，三天赚了33%。你不禁得感叹：“这也行？！”又有人说，南京一股民曾经以1厘钱的价格买到收盘价近0.7元的82万份海尔认沽权证。转眼之间，820元变成56万！那时一首流行歌曲《死了都要爱》的改版歌《死了都不卖》是相当流行：“死了都不卖，不给我翻倍不痛快……就算深套也不卖，不等到暴涨不痛快……到顶了都不卖，做股民就要不摇摆，不怕套牢或摘牌，股票终究有未来。”

那时公司白领阶层上班时间都敢炒股，想想那也是必然，上午9点半开盘，中午中场休息，吃了饭下午接着上，可不正好跟上班时间重合嘛！其实咱们的白领完全没必要偷偷摸摸的，老板也躲在办公室看各种板块呢，哪里有时间来管你？等下午收盘了，大家相互看看，会心一笑，该干吗干吗去，明天接着炒！这就是那时中国股民的幸福生活。

幸福的生活总是短暂的，很快，那些前些天还唱着《死了都不卖》的兄弟忽然发现自己被股市卖了还不知道是怎么死的。在不到一年的时间内，下跌幅度超过72%，市值缩水最多时达到22万亿元，平均每个交易日被蒸发掉的"财富"在1000亿元左右。2008年9月16日，沪指收盘跌破2000点，跌幅4.47%，工行、建行、招行、浦发、兴业、深发展等银行股全线跌停；9月18日，沪指盘中达到1802点新低。统计资料显示，上证指数6124点时所有A股算术平均股价20.45元，平均市盈率47.04倍。截至2008年6月19日，沪市平均市盈率为20.72倍，8个月时间个股的平均市盈率下降了一半左右。如果把流通盘的8万亿平摊给每个人，每人就亏损13万元。

而大部分股民是在2007年入市的，A股开户的高峰期在2007年8月后的4个月中，每个月开户量超过300万户，也就是说，大部分新股民是在6124点前进去的，在几乎最高点被套牢了，真是惨不忍睹。

小链接2：

2008年民间流传着这样的笑话：

话说有一天，傻小子打电话向老婆报喜："我抄到股市的地板价了。"老婆怒斥道："傻瓜，你不知道还有地下室吗？"第二天，傻小子再次打电话报告老婆："这回我可抄到地下室了！"不想还是被老婆暴骂："你真是傻到家了，你难道不知道还有18层地狱吗？"第三天，傻小子狂喜地向老婆报告道："老婆，我终于抄到底了，这儿就是18层地狱了！"阎王点点头，转身自言自语道："幸亏地狱通过再融资扩建到了36层……"

当时还有一句顺口溜：问君能有几多愁，恰似买了中石油。

到2008年10月，因为受到毒奶粉事件和金融危机的影响，有关股市的段子也与时俱进了。华尔街和上海滩流行这样的段子：

假设去年你有1000美元，如果买了达美航空的股票，现在还能剩下49美元；如果买了房地美股票，剩下约2.5美元；如果买了1000美元啤酒，喝光后再把易拉罐送去回收站，还能换回214美元！

假设去年你有1000元，如果买了招商银行的股票，现在还能剩下250元；如果买了中国船舶股票，剩下约120元；如果买了1000元奶粉，喝光后再把空罐送回经销商，还能换回1000元！

当股票的平均市盈率在50倍左右的时候，同时上百倍市盈率的股票俯拾皆是，你就应该问问自己，这个股票值这个价吗？“大小非”解禁近在咫尺，还有人接手吗？其实，这个问题很多人都问过自己了，结果发现这是一个很愚蠢的问题。3000点问过，4000点问过，5000点也问过，它早就不值那个价了，但是事实上它还是在涨啊！说到底这已经不是一个经济学问题了，而是一个心理学问题，这个时候经济规律早就不复存在了。不管它涨到多高，哪怕是涨到天上去，只要后面还有人接，还会拉高股价，只要自己不是接最后一棒的人就行。总之一句话，你想在股市赚钱，行！只要你能找到比你更傻的人。

但是中国有这么多傻瓜吗？即使有，他们还有钱买那么高价格的股票吗？当一个蹬三轮车的老大爷都拉着你偷偷地说“我有消息”时，股价肯定也就涨得差不多了。关于这个问题还有一个故事。

在1929年10月29日，美国爆发了席卷整个西方世界的大股灾。在股灾爆发前一个星期，有一个银行家在路边擦鞋，擦皮鞋的人一边给他擦鞋，一边跟他大谈股市如何赚钱。回到家他想，连一个擦皮鞋的人都知道股市能赚大钱了，这股市不是太热了吗？还可能有钱进来吗？于是他当机立断卖出手上所有股票。在这场股灾中，只有他这样的少数人“幸存”了下来，其他人都在股市崩盘中血本无归，心理素质差的都纷纷跳楼，为解决世界人口问题作出了不可磨灭的贡献。

这个问题小散户可能看不明白，股市挣钱这么快，谁也不想错过这种捡馅儿饼的机会。他们总觉得有内幕，需要什么内幕，需要小道消息，毕竟能轻松赚钱还是具有很大诱惑的。但是对明摆着的事情却一直无动于衷，其实管理层早就多次警告了存在的风险，央行也紧缩货币，政府也在喊你出来，可是似乎没什么人听进去，被套了怨谁？“命苦不能怨政府”啊！可见政府的话咱老百姓还是要听一点的。

但是看明白问题的人终究会越来越多，首先便是那些大资本，还有那些曾经经历过股市风雨洗礼的老股民们，有人开始果断退场，而且越来越多。另一方面，在市场暴跌的时候基金会有赎回压力，不得不抛掉股票；那些借钱炒股的，还有抵押股票借钱的，当股票跌过某些临界点的时候要强制平仓卖出，这又会加剧股市的暴跌。这就是为什么跌的时候连个像样的反弹都没有，一路狂跌的原因。在那种情况下谁敢买？这种牛市向熊市的转变过程是任何泡沫充斥的股市的必然逻辑。

事实上，那次大牛市转折的第一个推手来自管理层。2007年下半年开始，由于经历了次贷危机的第一波冲击，中国股市仍很亢奋，于是管理层开始出台相应措施了：基金开始停发，大力推行QDII，并抛出港股直通车计划等。这些措施都是为了让资金流向其他地方，比如境外，减少股市的资金供给来给市场降温。紧接着，进入2008年后，一些上市公司进行了巨额的再融资，比如2008年1月18日，中国平安董事会通过了A股再融资1178.52亿元的方案；此外还有“大小非”的问题。这些都是通过扩大股票的供给给股价带来了向下的压力。而2008年6月起，次贷危机第三波影响袭来，全球金融市场风声鹤唳，演变成为世界范围内的经济危机，俨然已经无可救药。美元持续走弱（贬值），所以国际油价上升（按美元计价），国内通货膨胀压力增大（至于为什么，我们后面的章节再谈）。所以，虽然经济增速放缓，出口困难已经很明显，但是央行仍不敢放松紧缩的货币政策（怕国内通货膨胀更加严重），股市的最后一根稻草终于压了上来。

俗话说“破鼓总有万人捶”，中国股市那时候的情况非常完美地验证了这个结论。内忧外患，各路神仙，该来的不该来的几乎都到齐了，这种形势下不暴跌才真是活见鬼了。总之一句话，暴涨暴跌都有着其内在的经济逻辑。如果看不明白其中的奥秘，你只能感觉到股市上上下下真热闹；而如果你看明白了历史上曾经发生的那些事，至少今后被股市玩儿的机会能少几分。

小链接3：

QDII是Qualified Domestic Institutional Investors（合格境内机构投资者）的英文首个字母缩写。是指在人民币资本项下不可兑换、资本市场未开放条件下，在一国境内设立，经该国有关部门批准，有控制地允许境内机构投资境外资本市场的股票、债券等有价证券投资业务的一项制度安排。

QDII是一项投资制度，设立该制度的直接目的是“进一步开放资本账户，以创造更多外汇需求，使人民币汇率更加平衡、更加市场化，并鼓励国内更多企业走出国门，从而减少贸易顺差和资本项目盈余”，直接表现为让国内投资者直接参与国外的市场，并获取全球市场收益。

小链接4：

中国股市的7次暴跌：

1992年5月—1992年11月，1429点跌至400点，历时5个月，最大跌幅达72%。

1993年2月—1994年7月，1553点跌至325点，历时18个月，最大跌幅达79%。

1994年9月—1996年1月，1053点跌至512点，历时16个月，最大跌幅达51%。

1997年5月—1999年5月，1510点跌至1047点，历时24个月，最大跌幅达30%。

1999年6月—2000年1月，1756点跌至1361点，历时6个月，最大跌幅达22%。

2001年6月—2005年6月，2245点跌至998点，历时48个月，最大跌幅达55%。

2007年10月—2008年10月，6124点跌至1665点，历时12个月，最大跌幅达72%。

第七章 面对股市，我们何去何从？

既然已经聊完了我国股市暴涨暴跌的原因，下面咱们就聊聊股市现在与未来可能的走向，以及咱们作为普通老百姓该怎样更加理性地看待股市的涨跌，面对股市应该怎么做？说到这儿，我还是想再次澄清一下：下面的内容我不是掐指算出来的，也不是夜观天象拍脑袋拍出来的，我也从来不做算命先生误导国人。咱们这儿也不搞什么技术分析啊，谈各种技术指标什么的，这样的话大家肯定头大，毕竟对于绝大多数人来说，这些还是太复杂了。而且据我所知，那种所谓的讲股市技术分析、实战操作的书往往把很多人培养成半吊子专家，到最后使得很多人对市面上所有的书都丧失了信心，对社会诚信持极大的怀疑态度，实在是遗祸无穷。所以我只是以自己的逻辑方式谈谈自己的结论，至于正确与否就在于大家自己的思考判断了。

首先我们从2007年暴跌那会儿说起。很多人似乎认为那年的暴跌在很大程度上是受到了全球金融危机的影响，这自然是一个因素，但是最关键的因素是我们前面谈到的，因为那时中国股市的泡沫实在太大了，即使没有金融危机，中国的股市也差不多应该到了跌的时候了。事实上，即便是在次级债的发源地美国，它的股市也远没有我国股市跌得那么惨。

其实呢，也不是所有人都在股市的暴跌中悲痛得想跳楼，有人反而是很欣喜。中国股市还正在暴跌的时候呢，就有不少朋友来问我：“你看中国的股市是不是跌得差不多了，大概多少点的时候能进去抄底了？”原来，他们正在为自己错过了前一波的暴涨而懊恼不已，在五六千点的时候又没胆子进去，典型的有贼心没贼胆。现在股市暴跌，那帮子人正欢呼雀跃呢，估计每天早上起来都会给关二爷烧炷香，心中默念：让暴风雨来得更猛烈些吧！每当被他们问起时，我总是说："这个可说不好，一旦这种暴跌开始，一时半会儿可停不了，思想有多远，股市就能跌多惨，你们现在还是先等等吧！"后来，他们从2007年底开始等啊等，等过了年，又等到了2008年开春。眼看都快等到吃西瓜的季节了，股市也已经跌去近一半了，这帮人实在是熬不住，于是又跑过来问："这下总该差不多了吧，你看奥运会也快开幕了，总该有波行情吧？"我听了直想发笑：奥运会什么时候开估计连外星人都知道了，这算什么消息啊？这个消息早就在之前的一轮暴涨中被市场消化了，他们居然还天真地指望能逆转行情！

于是我笑着告诉他们："这才到哪儿啊？不急不急，它还得跌。"但是他们不依不饶非得问我跌到几点能买了，后来实在被他们逼急了，我就告诉他们（暂时兼了一下算命先生这个行当）："据我基本的经济直觉，考虑到市盈率、一般的投资收益率等情况，中国股市比较公允的'价格'应该是两三千点左右，但是现在还是三四千点，不太值得；而且考虑到2008年的特殊困难情况，我的估计还应该更加保守一点；最重要的一点是几乎所有的暴涨暴跌中往往都会有'超调'的现象。""超调"是一个控制工程领域的词汇，所谓的"超调"通俗地说就是：上涨一般都要涨过头，下跌一般都要跌过头。在经济学领域的很多地方都有这种现象，而且基本都有符合逻辑和现实的解释和证明，那是真正的"有图有真相"。所以综合看来，我当时估计股市跌到最惨的时候得破1500点。

但是事实又一次证明了算命是很不靠谱的一件事情，至少我这个"半仙"还是不能靠这个吃饭的，因为到了2008年的10月，沪指在1700点左右的地方到底了，从此缓慢而又坚定地往上涨。而且我这个人还比较迟钝，一直到过了2008年的春节，才最终确定行情已经再次逆转了，而这个时候沪指已经在2000点以上了。过了年我就赶紧告诉他们可以买了，当时是2100点左右，他们居然还埋怨我让他们少赚了400点——那可是将近25%啊！我大汗，真是人心不足蛇吞象啊！很多人带着这样的心态去炒股是很危险的，任何一个想获取股市里最后一点利润的人终有一天要倒霉，俗话说"常在河边走，哪有不湿鞋的"。我要是在1700点的时候告诉他们买，而最后如果又跌了几百点，他们肯定得劈了我——对这个判断我还是相当有信心。所以，这个事情实在是吃力不讨好啊，而且还是个危险工种，所以从此我就更加坚定了不当“半仙”的决心。

是不是已经跌过头了？大跌到什么时候才结束？当时，这样的问题其实一直困惑着很多被套而深感迷惑的股民，甚至还包括很多经济学家、政府管理者，像我这样的小人物判断失当自然是相当正常啦！这样的点数、这样的市场结构、这样的跌幅和成交量都是我们不曾碰到过的，我们基本上没有历史经验可以参考，因为我们走的是“有中国特色的社会主义道路”。具体到预测而言，会跌到什么程度，历史的经验和外国的借鉴都无法给予我们准确的预测。虽然似乎已经跌破了“公允价格”，但谁也不敢说不会再跌了。虽然从长期来看，预测这个没什么大的意义，因为股市的长期走势必然与经济发展同步，但还是有很多人想要揭开这个谜底。有一句比较有诗意的话说得好：

“也许股市的低迷只是天空中一片小乌云，但对于生活在这片小乌云之下的人们来说，这就是一切。”

股市一路狂泻，恐惧和失望一路蔓延的时候，人们一直在追问“底”在何处，政府会不会、该不该出手“救市”。自从股市跌破4000点后，就有很多人要求政府出面救市。2008年第一季度，股市单季跌幅（还有什么单日跌幅、年度跌幅之类的指标，新闻报道很有意思，它们一般都会从很多指标中挑一些最吸引眼球的加以报道，而较少去考虑其实际意义。从科学的角度看一直追踪某个指标的变动则更有实际意义，但这显然不够新闻的“爆料”要求，所以大家以后对新闻报道还是要批判地看，所谓外行看热闹，内行看门道嘛！）创下了国内证券市场的历史之最，股民损失那是相当惨重，政府“救市”也就成了一个热点问题。“A股市场已经到了紧要关头”“市场的资金供给严重不足”等，反正说什么的都有，真是做到了“百花齐放”。

这其中大概有两大“门派”，一个是“救市派”，另一个就是“市场派”，两派之间相互掐架，谁也不服谁，一时间真是天昏地暗、乌烟瘴气，反正就是“狗咬狗，一嘴毛”，搞得政府也相当无奈：我到底听谁的好啊？

救市派认为，中国当前面临内外经济困境，股市暴跌会影响投资者信心，当股市发生危机的时候，政府应尽快出台实质性的“利好”措施来救市，比如降低印花税等（实质上政府后来也做了）。他们认为政府应该将股市保持在平衡状态，该出手时就出手。而市场派则认为，市场有其内在规律，这种规律会发生作用，所以经济活动中的波动，包括股市的波动都是正常的。政府不应该过于干涉，否则就可能会对市场经济客观规律产生破坏，股市应该由市场自行调节，政府胡乱救市反而会适得其反，最终股市要变成扶不起的阿斗。其实这种政策思路上的争论也正反映了经济学上一个非常重大的分歧：到底是自由市场更好些还是政府积极参与经济活动更好些？关于这个问题，很多搞了一辈子经济学的人到现在还没弄明白，估计在可以预见的将来也不会有什么确定的结果，所以咱们在这儿掺和实在是没什么意思。

一开始估计我们的政府还是受市场派的影响大一点，当美国已经在频频给股市打气的时候，却迟迟不见我们的管理层有什么举动。但是随着2008年经济形势的持续恶化，估计政府实在扛不住压力了，从第三季度开始，思路似乎有点转变，口风逐渐从“市场问题应由市场自身解决”变成了“应切实维护资本市场的稳定”。而且事实证明，咱们的政府说话还是比较靠谱的，说完话马上就出招了。

早在2008年4月24日，我国就已经对印花税进行了调整，由千分之三调整为千分之一，比较幽默的是不到一年前我国股票交易印花税才刚刚由千分之一调整为千分之三，中国股市的发展结结实实地玩了管理层一次。

小链接1：印花税

以经济活动中签立的各种合同、产权转移书据、营业账薄、权利许可证照等应税凭证文件为对象所征的税。印花税由纳税人按规定应税的比例和定额自行购买并粘贴印花税票，即完成纳税义务，现在往往采取简化的征收手段。证券交易印花税，是印花税的一部分，根据书立证券交易合同的金额对卖方计征，税率为1‰。

2008年9月19日，我国又对印花税进行了大幅度的调整，将证券（股票）交易的印花税征税方式由双边征收（向买入和卖出双方都征税）调整为单边征税（只对卖出方征税），这可是破天荒的。

与此同时，2008年9月18日晚，国资委、汇金公司分别发布了支持中央企业增持或回购上市公司股份、汇金公司增持上市银行股票等措施（可以看成是通过政策扩大对股票的需求）。这一连串所谓“救市”举动的政策出台，体现了政府提升投资者信心、稳定中国股市的决心。

咱们的政府干活儿还真是很勤快，而且还很体贴，似乎认为这些手段还不太够。所以在9月18日后仅仅20天，重磅组合利好政策又出台了，只不过这一次不是来自上面的那些财政政策，而是来自货币政策（关于宏观调控中的财政政策和货币政策我们以后再详谈）。中国人民银行决定：从2008年10月15日起下调存款类金融机构人民币存款准备金率0.5个百分点；从2008年10月9日起下调一年期人民币存贷款基准利率各0.27个百分点，其他期限档次存贷款基准利率作相应的调整。这是央行近4年中连续9次上调贷款利率后的首次政策转向，真是相当不容易啊！此外，国务院还决定9日起对储蓄存款利息所得暂时免征个人所得税。

我们在第一部分已经了解了存款准备金率和利率，它们同时下降这个信号实在太过明显了，充分反映了我国政府“保经济增长、稳定金融市场、稳定资本市场的强大的决心”。为什么可以降低利率呢？因为当时我国的通货膨胀压力已经大大减轻了，经济减速也已经相当明显，需要刺激经济，而且全球利率都在下降——我们前面已经知道如果一个国家的利息率（收益率）比其他国家高很多，就会吸引外国资本进来，增加一国的外汇储备。

降低利息就相当于扩大了货币的供给，告诉企业：你们可以去借钱投资了。它会缓解企业的资金压力，特别有利于房地产行业和银行业的发展（它们都和贷款密切相关）。它不仅可以刺激实体经济增长，同时对股市也是利好，因为降低利息就意味着钱存在银行的收益降低了，有利于刺激储蓄资金流入股市，尤其重要的一个因素就是它能强烈地改变人们的预期，提升投资者的信心。前面我们也讲过，经济中预期是很重要的，甚至某种程度上说，预期就决定了经济最后的走向，经济走好往往就是因为我们相信经济会走好，仅此而已。

虽然有很多人对政府打出的这一顿“暴雨梨花拳”拍手叫好，放鞭炮庆祝，似乎能扫净各种障碍了，咱们的股市一定就能有一个光明的未来了。如果你也是这么看的，那么我衷心地认为你外表还是“很傻很天真”的，虽然我不知道你内心怎么样。因为虽然“两率”的下调是货币政策放松的强烈信号，但是这样的货币供给增长只是长期利好，而短期内能产生多少作用实在是难以预料，况且真正要解决股市下跌的问题，任何表面的措施是远远不够的，我们应该针对其深层次问题提出相应的解决办法，来一个“釜底抽薪”。那么什么是深层次的本质问题呢?

我们知道，股市并不是涨得越高越好，也不存在永远的牛市，最好的股市就是能反映整体经济表现的股市，健康的股市应该和经济增长同步，任何与实体经济发展偏离的股市都是不正常的，最终都无法逃避被调整的命运。而就目前来看，在实体经济方面，我们还不能自信地说全球经济已经摆脱了经济危机的影响，虽然前一阶段国内国际上出台的大量刺激经济的措施的成效比较明显，但最终我们的经济能回归到什么水平还有待观察，要对这个进行预测实在是和掷骰子没什么区别。

虽然如此，我们应该还是能得出以下结论：从2009年年初以来的股市上涨，与我国出台的大量保经济增长的措施有着紧密的联系，股市在目前这一阶段的表现正是反映了我国经济正逐渐走出困境的现状，而且全球经济的逐渐复苏和我国的出口逐渐出现起色也为股市的长期缓慢上涨提供了支撑。而未来我国股市到底能走向何处，最终还是要看我国的经济复苏能达到怎样的水平。如果全球经济和我国的经济能继续转好，那么我国股市的长期上涨则是必然的，也就是说目前的股指水平还远远不是尽头，但是要期望我国的股市能在短时间内上涨到4000点、5000点这样的高水平似乎还是比较不靠谱的。极端的自信和极端的乐观都要不得，就目前的形势看，我还是对我国的经济保持谨慎的乐观，也对我国的股市保持谨慎的乐观。

之所以是“谨慎”的乐观，倒不是因为我太谨小慎微，而是从我国股市现状来看，至少存在以下三点比较明显的问题，需要我们政府以及各方面力量来加以消除。

一是在上市公司的结构中，带有垄断性质的国有大型企业比重过大，实在不是一般的大，它们主要集中在金融、石化、电力、电信等行业，比如所谓的“石化双雄”、工商银行之类的，它们在股指、上市公司利润总额等指标方面占有太高的权重了。根据上市公司2007年上半年的公报，尽管净利润总额增长高达约70%，但前100家和前300家上市公司的利润占净利润总额的份额分别高达71%和93%。这些公司往往就是带动股指飙升的主力，但是它们的业绩还是很有猫腻的。它们可以得到国家在财政、税收、资源、价格等方面全方位的支持，而一旦发生问题也会在一定程度上受到政府的保护。而今后随着我国对外开放的进一步扩大，这些上市公司面临的竞争也会大大加剧，还有反垄断法的实施等，在这些因素的作用下，它们的竞争力到底会怎么样，我想应该是天知地知，大部分中国人也都能知道的。所以股市发展面临的不确定性很大程度上就像是这些巨无霸命运的不确定性。

其次就是在咱们国家股市的投资者中，从事长线投资的机构投资者太少，基本上都属于那种打一枪换一个地方，赚一笔就走的主。而一个成熟健康的股市应该是从事长线投资和短线投资的力量保持动态平衡，这样的股市才会既有更多更好的投资机会，又比较稳定。

最后就是我们股市的监管力量太过薄弱。目前，我国对股市的监管主要是靠证监会在扛着，但根据在那里混饭吃的人的数量和质量推测，他们显然没有办法镇住我们那些“有条件要违规，没条件创造条件也要违规”、习惯于在艰苦卓绝的环境下坚持抗争的上市公司。各种各样的“地下工作”肯定对于我国股市的长期发展是相当不利的。

现在，大伙应该也听明白我的主要意思了，目前我们政府与其“救市”，还不如埋头搞好经济。政府对于股市的强烈干预只有在股市明显已经疯狂的时候才是必需的，就比如说在前一阶段暴涨的时候政府大规模提高存款准备金率就是一个非常明智的举动。每次提高存款准备金所冻结的资金会从商业银行进入中央银行，从而使得它们无法流入股市。虽然最终的结果貌似不太明显，但是如果没有这样的措施，一旦资金没有了这种束缚的力量，更多地涌入股市，那么可以肯定的是我们那次就不是从6000多点高台跳水了，估计股指还会更上一层楼，也必然会跌得更惨烈。

还比如，政府提高利率，让很多人难以得到贷款，日子不好过，也出现了很多骂娘的人。但是他们骂归骂，咱们该怎么办还得怎么办，如果政府见一些人一闹就屈服，那还不得成了人人都能捏的软柿子？政府屈服的结果最后可能会使股市的风险演变成银行的风险，伤及全体股民的利益，然后彻底无法控制，更多的人热衷于做"自由落体运动"——这倒是会为中国解决人口问题做出一定的贡献。

当然，这些"临时抱佛脚"的措施很有必要，因为在那种危急关头这些已经是短期内能做的一切了，这就像现在很多学生平时不好好学习，上上网、逛逛街、骂骂娘、玩玩游戏、骗骗女生，到考试前一段时间开开夜车，也能凑合着过，好歹能混个毕业。但是，作为学生最重要的不是开夜车到几点，而是平时学习到几点；政府也一样，最关键的是让资本市场健康发展，搞好制度环境。从我国目前的证券市场来看，完成股权分置改革后，最大的制度性障碍已经消除，奠定了股市健康发展的基础，各项基础制度建设也在不断地完善。随着证券投资基金和QFII规模的不断扩大，包括保险资金的直接入市，中国股市逐步与国际市场接轨了。接下来要做的就是慎重研究和积极推出股指期货（关于期货我们后面再讲）、港股直通车等，这里慎重研究很重要，尽量不要又出来一些"半吊子"工程，后面还得为它擦屁股。

小链接2：股指期货

股指期货的全称是股票价格指数期货，也可称为股价指数期货、期指，是指以股价指数为标的物的标准化期货合约，双方约定在未来的某个特定日期，可以按照事先确定的股价指数的大小，进行标的指数的买卖。作为期货交易的一种类型，股指期货交易与普通商品期货交易具有基本相同的特征和流程。

小链接3：港股直通车

境内投资者可以用自有外汇或者用人民币购买外汇，将外汇存入证券投资外汇账户，并通过商业银行的代理证券账户投资在香港证券市场交易的证券。这项业务被称为"港股直通车"。

要做好制度环境，非常重要的一点是要让我们的股票真正具有投资价值，要使我们的市场更具有投资价值和吸引力。而我们目前很多的上市公司，说实话基本没有什么投资价值可言，盈利能力不是一般的差，像这种企业的股票都还有人买，甚至炒得离谱，实在是因为我们可以投资的其他地方少得可怜，所以好歹就是它了，总不能都存银行吧！这样的一种市场环境就更容易出现股市的暴涨暴跌。而且人民币升值，国际资本要进来，你又不能说：你别进来，别瞎掺和！这也不是咱们中国人的待客之道啊！那么它们进来了，如果这儿不能投，那儿也不能投，那就只有去股市了；而股市上呢，如果也没什么真正像样的企业，那也就只能去捡那种垃圾炒作了，这样的股市要没有风险那才怪了。

政府在资本市场上最重要的职责是制定游戏规则，做好裁判，不要做球员，而我国现在基本还是“政策市”，大家几乎都看着政府的眼神行事，赚了似乎是应得的，赔了就骂政府，可以说咱们股民的“赌品”实在是不咋地。球场上裁判和球员的基本要求是不吹“黑哨”，不踢“假球”，而股市和球场在这个方面其实也差不多，所以政府还应该在信用机制上做大文章、下狠功夫。

中国人已经为自己没有良好的信用付出了惨重的代价。由于骗子横行，诈骗行为蓬勃发展，我们的柜台交易不能做；由于没有信用，信托公司都一个个地倒下；由于担心非法集资，私募资金也只能转战地下，得不到我们英明政府的阳光雨露；由于国债期货、商品期货出现过大问题，期货交易的发展缓慢到基本上可以忽略。所以我们不具备基本的交易品种和交易方式，金融衍生产品那就更长期缺钙，没法发育了。从这个角度讲，我国不会出现像美国那样的金融危机，实在不是因为我们的手段高、信用好，而是因为我们目前的信用状况和金融环境连爆发这样的危机、赚点“回头率”的资格都没有，想想真是很可悲。但是随着我国的经济快速发展，必然会产生大量的剩余资本，如果没有足够的“泄洪”渠道，它们就只能自己找出口了，因而在某个地方产生“干旱”或“洪涝”也就很自然了。资金其实就像洪水，一味地“严防死守”是要出大问题的，最好的解决办法就是“疏”，从这方面来看，我们实在是连几千年前的大禹都不如，应该汗颜啊。说得极端一点，要是实在没有什么出路，我们划出一个区域来，像美国的拉斯维加斯一样弄个赌场，让那些资本在里面玩，咱们政府收收税，解决一些人的就业问题也是好的嘛！

上面讲了我们的政府应该怎样办，但是球场上光有裁判做得好还是不行的，主角应该是球员，那么这里的球员就可以分为“大户”和“小户”。所谓“小户”就是咱们普通百姓，而“大户”就是那些机构投资者。

小链接4：机构投资者

机构投资者是指在金融市场从事证券投资的法人机构，主要有保险公司、养老基金和投资基金、证券公司、银行等。在证券市场上，凡是出资购买股票、债券等有价证券的个人或机构，统称为证券投资者。机构投资者从广义上讲是指用自有资金或者从分散的公众手中筹集的资金专门进行有价证券投资活动的法人机构。在西方国家，以有价证券投资收益为其重要收入来源的证券公司、投资公司、保险公司、各种福利基金、养老基金及金融财团等，一般称为机构投资者。其中最典型的机构投资者是专门从事有价证券投资的共同基金。在中国，机构投资者目前主要是具有证券自营业务资格的证券经营机构，符合国家有关政策法规的投资管理基金等。

机构投资者里面那真是牛人云集，精英满天飞，什么海龟学者啊、名牌大学教授啊，什么这分析师那会计师啊，什么博士、硕士啊，能拉来的全给拉来；你要只是个学士，都不好意思跟人打招呼。你说这样的机构一年要求的收益率得多少？

我看怎么也得百分之十几吧？

百分之十几？那是无能！百分之几十起！你还别嫌多，还不打折！我们做投资的原则那是：不求原则，但求暴利！

既然要赚大钱，光说不练那是不行的。他们对经济脉搏的把握比咱们老百姓不知强多少倍，而且都有专业的研究团队天天捣鼓投什么产品比较好，怎么才能赚大钱。你一个小散户，要想跟他们比，那就基本上算是驴车想跟兰博基尼比速度，基本就只有望尘兴叹的份儿了。你还别不服气，欺负的就是你，你能怎么样！而且，从某个层面上说，炒股其实跟玩德州扑克差不太多，比的就是赌本的数量，就是大鱼吃小鱼。

但是，那些机构投资者虽然聪明，却也是很容易犯一个历史上很多聪明人都容易犯的错误，那就是太聪明，聪明过头了。这就是自己找不自在了。

聪明过头的一个表现就是试图操纵市场。有些机构认为自己可以控制某只股票甚至大盘，庄家嘛，赌博里庄家总是有某种优势的。诚然，机构、庄家通常具有资金优势、信息优势、人脉优势，但是它们有个致命的弱点，就是船大难以掉头，一旦碰到某些无法预料的事故，往往就是灭顶之灾，几乎没有全身而退的可能，最后可能比那些小散户还惨。而且，往往一个人、一个机构顺利过头，自己认为真的可以呼风唤雨的时候，末日基本上也就不远了，因为在这样一种心理状态下，对事物的分析往往会出现偏差。

聪明过头的另一个表现就是认为散户都是傻瓜，认为我们应该成为机构鱼肉的对象。于是庄家就会千方百计地诱使散户在低位卖掉股票，在高位买进股票，以为这种行为可以瞒天过海。但是他们往往会忽略这样一个事实：这个市场不是只有它们一个庄家，有很多人都想坐这个庄呢。当他们自己正在为自己的瞒天过海而暗自得意的时候却不知道对手可能已经暗度陈仓，最后大忽悠被更大的忽悠给忽悠了。流氓不可怕，就怕流氓有文化。那些庄家就像是有文化的流氓，大家半斤对八两，谁也别说谁，被忽悠了就自认倒霉，要知道常在河边走，哪有不湿鞋的？出来混，迟早是要还的！

所以，我在此提醒那些机构，有时候还是不要太聪明了，要知道：天之道，损有余而补不足啊！

对基金经理而言，因为钱不是自己的，他只是代人管钱，心态自然会和拿自己的钱玩不一样。拿基民的钱不当钱的那种混账基金经理肯定是有的，但是这种人最后是要被淘汰出局的，收摊回家是迟早的事。在股市接近6000点的时候，一些机构著名的基金经理辞职，公开报道的是他们因为待遇低，不如私募赚得多，于是自己单干了。但是他们私下里则表示，现在股市这么高，太危险，做不下去了，趁现在的好业绩急流勇退。这种情况是很难持续的，再做下去就要砸招牌了，肯定要亏了。事实就是这样的，这些基金经理还是非常明智的，因为最重要的就是信誉。基民买了基金，就是对基金经理的信任，基金经理自然应该对基民负责，应该对得起自己的良心，对得起这份信任。

上面说到了那些机构“大户”，那么咱们最关心的可能就是作为普通百姓，面对股市应该怎么办？既然不屑于提股评家，在这里我同样也不会像网上的那些弹出窗口那样给大伙爆料几只所谓的股市“黑马”，买了几天就能翻几番的那种。我想只要是脑子还没被驴踢了，应该没有什么人会信这种消息。作为一个小散户，你基本上就不要抱什么暴富的幻想，要时刻牢记天上不会无缘无故地掉馅饼，如果真的有馅饼掉到了你的头上，那基本上就可以定义为诈骗了，媒体报道的这种事情可谓是不胜枚举。

而且，我在这里要更进一步说，大部分老百姓，你要是没有什么经济的基本概念和知识，而且有主业的话，我劝你还是不要去炒股。说起这话来可能是对大家的一个打击，但是我还是要说，因为那些有关股市的悲剧真的太多了，有些人真是让人“哀其不幸，怒其不争”啊。

如果你实在受不了银行存款那少得可怜的利息，想要追求更高的收益的话，我劝你还是去买债券吧，或者去买基金吧，毕竟它们风险要小得多。玩股票实在是在玩心跳，但是我想大部分人还是不太想锻炼自己心脏的承受能力吧？如果实在想，你还可以去玩蹦极，何必非得去玩股票呢？蹦极虽然有惊但是基本无险啊，可是股票就不一样了，有惊更有险啊！

如果说了这么多你还是不甘心，非得想投身股市，勤勤恳恳、任劳任怨做股民的话，那么我还是对你的勇气感到很钦佩的，但是我劝你，不要把所有的钱都投入到股市里面去，更不要借钱去炒股，最多拿那些闲钱去玩玩，也不要期望过高，能跑赢通货膨胀，能跑赢银行定期存款利率就算菩萨保佑、阿弥陀佛了，而且要注意以下几点：

首先，你的心态一定要好。知识匮乏可以学习，钱没了可以再赚，但是在股市里最需要解决的问题就是人类内心必然存在的贪婪和恐惧。因为这些是人性的弱点，不是一般的所谓聪明就能克服和解决的，更不是一些教育能解决的。无数曾经在股市叱咤风云的庄家、“最牛散户”，那么聪明，那么理性，那么优秀，也无法彻底解决恐惧和贪婪的问题，最终都是“雨打风吹去”也。所以这个心态问题也不仅仅是咱们散户的问题，它是所有人的问题。“在别人恐惧的时候贪婪，在别人贪婪的时候恐惧。”——让我们以此共勉吧！

中国股市在6000点的时候，几乎所有人都兴奋，没有任何恐惧，都眉开眼笑，认为自己是“股神”，慢了半拍都可能少赚一个涨停板，人们拼了老命地往里面冲，人人都睁着血红的贪婪的眼睛注视着指数的变化，不停地按计算器计算自己的利润。等到暴跌的时候，所有的人又同时恐惧，拼了命往外跑。这里再给大家讲一个真实的故事。

沃伦·巴菲特被大家称为“股神”，他也是2008年的世界首富。在2001年中国内地股市低迷的时候，香港股市也不行，巴菲特在中石油惨跌到1.4至1.6港元的时候，斥资23亿元买进。第二年涨了1倍，但他没有卖出。从2002年到2006年，他持有了5年中石油的股票。到2007年，中石油要回归中国内地发行A股，全世界都对中石油一片赞叹声，当所有人都看好中石油的时候，巴菲特却在香港股市上分批抛出了自己手上所有的中石油股票，卖价在12到14港元之间，一下子就赚了几百亿港币。当他卖完后，中石油股票暴涨。所有人都说，巴菲特你卖得太早了吧？你看看，现在中石油涨得多高，你少赚了多少钱？

巴菲特这样回答：“也许我卖早了，可我买中石油的股票，买的是它的原材料，是从井底打出来的石油。当油价涨过75美元的时候，我心里发慌了，我决定卖出。”结果没想到，当中石油回归中国内地股市以后，香港中石油股价又跌下来了。

其次，你应该要搞清楚一点：你打算投资股市，还是投机股市？虽然两者看上去似乎没有什么区别，在学术界也没什么特别公认的定义，但是我想我们还是可以通过以下标准来判断你投机还是投资。如果你买股票是因为它“值”那个价了，即使再怎么跌被套牢，你也愿意并且有能力长期持有（能不迫于压力斩仓），愿意成为这个公司的股东，拥有这个公司，那么你就是投资；反之，你就是所谓的投机。

投机的人往往会有很多毛病，比如频繁投机：买进卖出好不热闹，最后一算，原来自己这一年一直在为政府干活啊（交税）！这个还算好的，总归是没亏，还有更惨的，亏了本还得为税收事业作贡献。

又比如借钱：巴菲特小的时候借了他姐姐1美元，买回一只股票。这只股票就一直涨，涨到14美元的时候，姐姐天天问他什么时候把这1美元还给他。姐姐天天催促他还钱，他一着急，就按14美元的价格把这只股票卖了，把借姐姐的钱还上。当他卖出这只股票后，股票价格继续往上升，他非常后悔没有留住这只股票。当他成为“股神”的时候，他说了这样一句话，就是：“绝不借钱炒股。”这是他一生的教训。这还是赚了的例子，至于更多赔钱的悲惨故事真是数不胜数。

还比如自以为聪明，不肯吃小亏最后却吃大亏的。为什么呢？因为他永远想做最英明的那个人，希望在最高点卖，最低点买。为了追求最后那一点利润，最终被套在里面。看到股指还在涨，以为卖早了，后悔了，还想进去赚回来。还有更牛的，大盘在狂跌，但是相信自己与众不同，相信自己买了股票以后就能逆市上扬，结果硬生生地被套在里面。

看到了上述投机的毛病后，你应该知道了投机炒股会发生什么了吧？可以说，绝大多数投机的人最后会输得干干净净，重新开始，而剩下来的是那些能控制好自己情绪的人。你应该明白为什么那些成熟的资本市场那么“蠢”，巴菲特一年才百分之二三十的收益还敢号称“世界股神”？似乎我国随便拉出个基金经理就做得比他好，但是这仅限于2007年。

市场已经消灭了无数一年赚100%甚至两年翻5倍的聪明人，但就巴菲特这个“傻老头”活下来了，而且被尊称为“股神”。

最后，买了股票不要天天老盯着看股价走势。因为这样会潜在地影响你的思维，使你产生错误的判断。这里再给大家讲一个故事，这是一个网上的故事，真实性有待考察，但是其反映出来的问题值得我们注意。

一位先生说，他大学毕业以后没有地方工作。正好有一家证券公司要招一个人，面试那天，前面排了5个人都是西装革履，从财经院校毕业的，只有他是学理工的，特不自信。前边的人一个个都进去了，他想，老板肯定不会要我。

当他进去的时候，老板劈头就问：“学什么的？”

“不是学金融的。”

“家在哪里？”

“家在农村。”

“爸妈干什么的？”

“都是农民。”

“家里人都干些什么？”

“有一亩三分地种。”

“你在城里住哪里？”

“租房子住。”

“请把手机号码留下。”

“我没有手机。”

“就是你，明天就来上班。”

他说：“我绝对没想到老板会让我去上班。我什么都没有，城里没有亲戚，没有手机，爸妈都是种地的，自己还不是学金融的，啥都不懂，但就这样幸运地被选中了。”

上班之后，老板告诉他说：“你记住这只股票的代码。我告诉你，就盯这只股票，咱就做这只股票的庄。怎么做呢？这样，只要有人买，你就在高位上卖；只要有人抛，你就在低位上接。只要你能把这些频繁买卖的人都吃掉，我就给你发奖金。你听明白了吗？”就这样，他就开始了赚钱的旅途，实在太容易了，原来钱是这么容易赚的。只要他能按照老板说的方式，这只股票他一见有人卖，他就开始买；一见有人买，他就开始卖。就这样反复做着，老板就不断给他发奖金。

有一天，他去一家证券公司，恰好见到几个大爷围在一起，正在议论。他们在说：“真倒霉，你说咱买的这只股票怎么这样呢？咱一买它就跌，咱一抛它就涨，这只股票的盘面怎么这样呢？”他们在议论纷纷。他一听，他们抱怨的正是他坐庄的那只股票。结果，旁边一个老太太走过来就问：“什么叫盘面？我不认识字，我也买了这只股票。我只知道赚够了买菜的钱我就抛了，等它跌下来我再买进，只要赚够买菜的钱我又抛出。你们都在这儿赔，怎么我在这只股票上赚钱了呢？”

他说：“听完这些话，我回去就辞了这份工作。我觉得太残酷了，但是我想告诉大家，那些大爷们把所有的钱都赔在这只股票上，能赚钱的只有那个一字不识的老太太。可惜的是，尽管大家都识字，而且都会用电脑，都会在网上看股票，但是最终他们还是赔得太惨。”

他说：“你看到的股票的那条曲线，你知道这是我们做出来的吗？知道这买和卖都是我们在这儿做吗？你要天天盯着这只股票看，我们赚的就是你的钱。你以为你会看盘，其实那是我们做的。庄家每天都在表演给你们看，你每天盯盘正好中计。”所以他劝大家买进股票后千万不要天天盯着看，天天看着涨和跌，这是没钱可赚的。

到这儿你可能会说，前面说了这么多“废话”，那么到底买哪只股票比较好呢？这个问题回答起来比较简单：“不知道。”如果非要我提供一些参考意见的话，我想大概下面几类股票相对来说是比较值得投资的。

首先是银行股，因为中国经济在增长，金融业必然要伴随着飞速发展，银行效益能不好吗？而且目前中国银行的存贷差有这么高，说它们不赚钱，那是鬼都不信的，那它们的股票长期来看肯定要涨上去的。其次就是买稀缺的资源类股票，什么稀缺你买什么。买那种不可再生的资源，因为经济学上的供求关系告诉我们稀缺的东西价格一定涨。再次就是买与我们的生活必需品相关的股票，无论经济怎么样，我们都需要吃吧？所以买这类股票也差不到哪儿去。最后，就是买那些在各自领域内基本形成垄断的公司的股票。因为垄断能产生巨大的利润，这样的公司的股票不升值才怪呢！

但是无论买什么股票，都要看买的时候价格到底合理不合理，很明显价格不合理、虚高的股票最好还是少买。其实现在随着经济的复苏，我国股市新一轮的慢牛市已经开始，现在的股票总体来说价格也没有高得特别离谱，所以好好选择股票，别想着暴富，长期持有，分享我国经济成长的成果，不失为一种很好的选择。

讲到这儿，似乎也应该结束我们第二部分的讨论了，希望我们的股民都更加理性和成熟。最后再说一句：股市有风险，入市需谨慎。

第三部分

商品的逻辑

第八章
中国的通货膨胀

大家都知道，自改革开放以来我国坚定地从计划经济向市场经济转变，现在我国的市场经济地位已经得到了国际的普遍认同，也加入了WTO（世界贸易组织）。要谈市场经济，就回避不了商品这个非常重要的概念。大家也能体会到，我们发展市场经济伴随着商品多样化，甚至可以说，现在很多东西都已经成了商品，这也不知道应该算是一种进步还是悲哀。

什么是商品呢？商品就是用于交换的物品，几乎包括了我们在商店可以看到的一切东西。给大家举个例子可能会更容易理解：超市里面的大米就是商品，但是农民自己生产自己吃的大米就不叫商品。既然商品是用于交换的，那么在交换的过程中一定会有一个价格，这个物和钱的比价就是物价。

有一段时间，物价指数被炒得很热，从大学教授、政府官员到街头巷尾的大妈大婶，似乎都对此表现出了莫名的热情。为什么凭空要搞一个物价指数出来呢？因为我们市场上的各种商品的价格不是一成不变的，有时候上涨、有时候下跌，有些东西上涨、有些东西下跌，那么怎么表示总体上看商品价格是上涨还是下跌呢？物价指数就是为了表示这个涨跌的，物价指数怎么看的呢？它其实和我们前面谈到的股价指数有异曲同工之妙，它也是选定一大堆东西，然后以某一年为基准，按照那一堆东西各自所占的权重对各个价格取加权平均得出某一年的“平均价格”，再拿这个价格去除基准年的“平均价格”，就得到了这一年的价格指数。

事实上，物价指数一般有两个指标，一个叫作CPI（Consumer Price Index，消费者物价指数），它是反映与居民生活有关的商品及劳务价格变动的指标，通常作为观察通货膨胀水平的重要指标；另一个叫作PPI（Producer

Price Index，生产者物价指数），它是衡量工业企业产品出厂价格变动趋势和变动程度的指数，是反映某一时期生产领域价格变动情况的重要经济指标，也是制定有关经济政策和国民经济核算的重要依据。一般我们讨论CPI更多一点，比如CPI上涨10%，就表示如果你前一时期买一堆特定的商品要花100块钱，那么现在要买同样的商品就得花110块钱了，显然这对于老百姓来说实在不是一件好事。

一般我们讲通货膨胀就是指CPI上涨，但是关于通货膨胀有非常重要的一点要注意：通货膨胀的含义是普遍的价格上涨，就是几乎所有东西的价格都在上涨，这才是通货膨胀。比如，仅仅只是猪肉价格上涨，其他东西的价格都没变，甚至下降了，那不叫通货膨胀，那只能算是市场对商品稀缺程度的反应，正是市场经济的优势所在，所以不要动不动就乱套通货膨胀的概念。和通货膨胀相反，那就叫通货紧缩，它表示普遍价格水平下降。一般似乎讨论通货膨胀更多一点，这一方面是因为通货膨胀更容易产生，毕竟各国的中央银行发钞票的积极性向来是比较高涨的；另一方面也因为通货膨胀的危害似乎更大些。当然通货紧缩其实也很要命，不过解决起来似乎更方便一点。

那么讨论完了通货膨胀的含义，我们就来聊聊中国的通货膨胀问题。对于中国的通货膨胀，大家最深刻的记忆肯定是2007年以来的那一次。其实我国在20世纪90年代初期有着更为严重的通货膨胀，那个时候真正的是“抢”商品，谁都不要钱了。不过如果你是“80后”的话，对于那次的通货膨胀肯定没什么印象了，所以咱们就谈还清晰地留在我们记忆里的那次通货膨胀。先让我们来回顾一下历史：

肉涨价了，油涨价了，粮食涨价了，蔬菜涨价了……2007年以来似乎一切都在涨涨涨，如果说还有什么东西没涨的话，应该就剩工资了。这轮通货膨胀对中国老百姓的生活产生了深远的影响，“你可以跑不过刘翔，但是一定要跑过CPI”，中国的百姓可能是第一次对CPI——这个纯外来、带有点学术气的词产生了无与伦比的关心。

从2007年年初猪肉开始涨价以来，我国食品价格的上涨越来越明显，使众多普通百姓，特别是低收入家庭的生活压力陡然增加。至2007年10月，猪肉价格上涨了54.6%，油脂价格上涨了34%，肉禽及其制品价格上涨了38.3%，鲜菜价格上涨了29.9%。那些原本给你既肮脏又愚笨的印象的猪，这一次居然发威了，惊动温家宝总理到西安农民家里和现代化的养殖场进行调研。为了调控肉价，中央财政增加约18亿元，用于补助城镇低保户和大中专困难学生，同时增加支出48亿多对能繁殖母猪进行补贴。对能繁殖母猪进行补贴，听上去匪夷所思，十分搞笑，真不愧有中国特色。老百姓总在喊物价飞涨，但是他们并不寂寞，因为企业家也在“呐喊”，他们也在抱怨产品卖不出去。所以确切地说，当时我国的物价上涨是集中在某一类或者某几类商品上了，其实还有很大一部分商品，特别是耐用消费品的价格是下跌的，比如手机、电脑等。

受食品价格上涨的影响，2007年前11个月CPI累计上涨4.6%，全年物价出现了自1996年以来的年度最高涨幅。对于有钱人来说，CPI数据增长几个百分点似乎无关痛痒，但是对于大多数老百姓而言，菜、肉、米、油、奶等一系列食品的价格不断上涨，口袋里的钱越来越不禁花的感觉是很深刻的。这里还要说明一点：CPI上升百分之几似乎不大，但是如果这几个百分点主要是靠食品价格上升带动的，那就不得了了。我们知道，如果是工业制成品、家用电器、耐用消费品价格上升，那相对来说还不算严重，因为百姓可以暂时不买这些东西，对生活的影响也没那么大，这个在经济学上叫作消费价格弹性比较大，而对于消费价格弹性比较大的商品，消费者在市场上是有优势的；但是如果是食品的价格上升，食品的消费是必需的啊，该吃的还得吃，这个叫作消费价格弹性比较小，也叫刚性需求，这种情况下消费者是处于劣势的。作为一家生产型的企业，如果其产品面临的是刚性需求，那么我可以打赌这个企业是很牛气的，“钱”途远大。“爱买不买，谢绝还价！”——它的消费者也只好打落门牙往肚里吞，挨了欺负还没脾气。这么一说你应该能明白为什么食品价格上涨会引发恐慌了吧？

有些爱思考的朋友可能会问了，房价涨得那么高，为什么物价指数只有百分之几的增长呢？因为我们在进行物价统计的时候，没把房产的价格统计进去。为什么呢？因为买房不算消费，算投资，所以房价涨跌不计入物价指数，计入物价指数的只是房租的价格。所以当你感觉自己的支出很高时，你所看到的物价指数好像并不是很高。想出这个统计方法的经济学家们看起来好像很不近人情，他们默认咱们就是租房度日的，但是仔细想想是有道理的，为什么呢？因为房屋的消费不是去啃砖头，消费完了那房子就不在了，我们消费的只是房屋一段时间的使用权，而所有权是不能算消费的。如果你是买房的话，你不但可以享受使用权，而且具有了所有权，在某些时候还能卖出房子获利，所以买房只能算投资，而租房才是消费。房产作为投资品不作为消费品，它和投资股票一样。买了股票是为了升值，投资房产也能从升值中获得好处。所以只能把房租价格计入物价指数，但由于房租并没有涨得太高，所以物价指数相对来说没有房价涨得离谱。

那么还有和我们生活息息相关但是没有计入物价指数的吗？有，石油价格也没有计入物价指数。因为石油属于能源，它的价格随着季节不断波动。而我国有近50%的原油需要进口，但统计时也没有把石油价格的上涨计算在内。正因为如此，我们的物价指数看起来才只有百分之几的增长。

事实上，从2003年以来，我国连续四年物价保持基本稳定。CPI较快上涨始于2006年第四季度，2007年以来逐月加快，特别是2007年3月份以来，CPI涨幅连续8个月超过3%警戒线，同比上涨4.4%。而到了2008年，1至5月份分别达到了7.1%、8.7%、8.3%、8.5%、7.7%，2008年2月份创下了11年来单月的新高，不过这个新纪录不是什么值得高兴的好事。

那么为什么在那段时间我国的物价涨得这么快呢？这里有必要给大家介绍一下经济学中一个非常重要的分析方法——供给需求分析法，如果大家能掌握这个方法，我想对于很大一部分经济问题就能自己分析出来，而不必再去聆听那些所谓的专家的教诲了。那么下面就让我们开始分析一下其中的原因，你会发现原来这个过程并不困难。

只要是有生活经验的人应该就能知道这个市场上大部分东西的价格不是你说了算，也不是他说了算，更不是政府说了算，而是大家说了算。这个大家包括了卖和买两方面，这就是经济学上说的供给和需求。如果供给大于需求，价格就会下跌；如果需求大于供给，价格就会上涨；在大多数时候供给和需求应该是大体平衡的。由于那次的通货膨胀主要是由食品引起的，所以下面我们以此为出发点进行分析。

首先让我们来看看供给那个方面到底出了什么问题。粮食是从哪里来的？可能很多人会说超市里面买来的。对此，我只能说你很有幽默细胞。粮食是从地里种出来的，至少在无土栽培没有大范围普及的今天仍然如此。我国的耕地是有限的，只要是这个耕地建了厂房、修了公路，就不能用来种粮食了，所以总体上而言，我们的耕地是一直在减少的，大家可能经常听说被征地农民上访的事情，可是应该没听说过企业家由于工厂的土地被征用作农田而闹事的吧。而且粮食想要生产出来是很麻烦的，首先要播种，然后辛辛苦苦伺候它一年半载才能收获，打下来的粮食还要进一步加工才能吃，才能做成饲料养鸡喂猪，俗话说“谁知盘中餐，粒粒皆辛苦”，那是一点都没错。况且之前的粮价又这么低，农民劳作一年也刨不出几个钱，而相对来说外出打工挣钱就比较快，所以农民种粮的积极性实在是不高。

然而，咱们的农民还真是很为国家分忧的，在这么辛苦的条件下，2007年我国的粮食总产量达到了50150万吨，成为历史上第4个产量超过5亿吨的丰收年；我国的谷物粮食自2000年以来几乎一直是贸易顺差（出口大于进口）。这样看起来，似乎我们的供给方面并没有什么问题，然而事实未必。

要知道，粮食也分很多种啊，谷物是粮食，难道大豆和玉米就不是了？比如我国的大米虽然自给率很高，大豆却主要是靠进口，将近70%需要依靠进口来满足。这个时候，国内的大豆价格就不是咱们说了算了，而是要听国际市场的话了。又比如玉米，由于石油价格上涨的速度像火箭发射一样，美国、巴西这些国家都开始用玉米生产乙醇来部分替代汽油作为燃料，需求高了、供给少了，那国际市场上玉米的价格自然就要上升。

你可能会说了，这些东西价格上升就上升吧，反正我只吃大米。这你就把问题想简单了，这里我就要再插一点经济学上的概念了：替代品和互补品。什么叫替代品呢？可以满足类似的需求的两种商品叫作替代品，某种程度上是可以相互替代的，比如大米和小麦：如果大米价格上升了，我可以去多吃小麦不吃大米，那么这就会导致小麦的价格也上升，所以两种替代品中一种商品的价格上升会导致另一种的价格也上升。那么互补品大家应该也能知道了，就是两种商品只有一起使用才能满足某种需要，比如汽车和汽油，你说给你一辆没有油的车是不是很郁闷？所以如果汽油的价格上升，那么养车的成本就高了，可能有些人就会去挤公交车，汽车的需求量下降了，汽车的价格就会下降，所以两种互补商品中，一种价格上涨会导致另一种价格的下降。

那么很显然，各种粮食之间在某种程度上都有一定的替代效应。上面谈到的替代只是消费的替代，而更进一步的，粮食之间还有一种生产的替代。比如玉米价格的上升，会吸引种稻谷的农民转而来种玉米——同样的一块土地，种玉米现在更划算了。那么这就会导致大米供给的减少，如果你想保持大米的产量，你就必须提高大米的价格。所以某几种粮食价格的上涨，会导致粮食价格的普遍上涨。

那么既然粮食的价格上涨了，蔬菜、猪肉怎么能不涨？它们都是一条线上的蚂蚱啊。比如说猪肉，我们之前的猪肉价格一直非常低。衡量猪肉价格有一个叫作猪粮比价的指标，就是一斤生猪的出售价格相对于市场的粮食价格的比例，一般应该保持在6：1较为合理。但是2006年，猪粮比价最低降到了3：1，所以养殖户没有积极性养猪。2006年年底的时候，我国生猪存栏量比上一年减少了1000万头，而这种供给的减少导致了价格的猛涨，2007年底，猪粮比价达到了9.3：1。

此外，还有一个大家可能不太了解的情况，那就是PPI向CPI的传导过程。前面已经说过了PPI是衡量工业企业产品出厂价格变动趋势和变动程度的指数，是反映某一时期生产领域价格变动情况的重要经济指标。显然大家可以想象得到PPI对CPI是有一定的影响的，PPI反映了生产环节的价格水平，CPI反映了消费环节的价格水平。整体价格水平的波动一般首先会出现在生产领域，然后通过产业链向下游扩散，最后涉及消费品。那么生产领域当时的情况是怎么样的呢？

我国作为当今世界重要的资本输出国之一，在大量出口的同时还对石油、铁矿石、钢铁、水泥、塑料、橡胶、硫黄、有色金属、大豆、食用植物油等能源和重要的原材料需求很大。由于国内能源和原材料供给不足，我们在很大程度上要依赖国际进口。而近几年来，国际市场原油价格上涨近两倍。2007

年以来铁矿石价格上涨95.6%，电解铜价格上涨40.4%，铝土矿价格上涨30%左右；小麦价格上涨190%，玉米价格上涨110%，大豆价格上涨95%。这些基础性产品的价格上涨增加了国内企业的生产成本，大家可能对此印象不深，但是我们的企业家肯定对此深有感触。当我们的企业扛不住的时候，势必将这种普遍性的价格上涨传递到消费领域来。

了解了以上供给环节的情况，我们来看需求环节。由于近些年我国经济持续高速增长，国内生产总值增速连续5年超过10%，固定资产投资过快增长，可以说，无论在哪个方面，我们的需求势头都是非常旺盛的。那么在供给出现这么多问题，而需求还不减退的情况下，通货膨胀就几乎成了必然了。

那你可能会问了，为什么彩电、冰箱、手机等商品的价格不涨反跌呢？因为它们是大工业化生产出来的，可以批量生产，只要机器一开动，几乎要多少有多少，它们竞争激烈，价格当然涨不上去。虽然生活必需品的价格在涨，那些耐用消费品的价格也逃不了下跌的命运，也正因为如此才使得我国的物价水平保持在百分之几的增长，没有特别地离谱。

其实，除此之外还有一个方面的原因也非常重要，那就是在那些年，我们的货币供给增加过快。前面我们讨论人民币升值和股市的时候已经有部分涉及了，这里就不再赘述了。通货膨胀就是物与钱的比价上升了，反映的是钱相对于物增加过快。在经济学上有这么一个非常著名的方程式——大家不要害怕，非常简单的方程，我保证上过中学的人都能看懂，即使你数学不及格。$MV=PQ$，M表示货币的平均数量，V表示一定时期单位货币的平均周转次数即货币流通速度（就是钱在人与人之间转手的速度），P代表所有商品和服务的价格总体水平，Q代表商品和服务的总体数量。

一般情况下，V和Q在一段时间内可以认为是基本不变的，所以，M上涨多少必然会导致P上涨多少，也就是说，如果短时间内货币发行增加会导致价格水平的同比例上升。虽然这个方程不是很精确，其理论也似乎有很多漏洞，但在很多时候确实可以简单解释一些经济现象。

实事求是地说，那次我国的通货膨胀相对来说还不是特别严重，根据商务部信息中心统计的600种日常用品里边，80%是供求平衡的，19%是供过于

不知我们中国是比较悲惨还是比较幸运，总之事实上从2008年起我们的通货膨胀就开始缓解了，现在基本上这个问题算是消停了。为什么呢？这固然有我们英明政府宏观调控的作用，但是也有形势变化太快的因素，计划赶不上变化啊。由于受金融危机影响，经济走低，内外需求减少，2008年5月份以来，物价快速回落，几乎原先涨得让人心慌的东西价格都有了回落，也使饱受物价上涨压力的很多人松了一口气。之前有人提出，通货膨胀至少要持续3年，现在看起来，这个论断似乎有点可笑了，这也再次说明我们有些所谓的经济学专家实在是衰到家了，好不容易算一卦还算错了，真是卦卦必失，再这么下去估计也该收摊了。其实也不能太怪他们，经济的发展可能真的只有老天才能准确推断，可以引用电影里的一句话吧："不是我军无能，实在是敌军太狡猾啊。"

即使目前通货膨胀似乎已经不是问题了，但谁又能保证以后不会呢？而且几乎可以肯定地说，我们每个人这一辈子总是要经历N次通货膨胀的。那么，面对通货膨胀我们应该怎么办呢？

首先我们不得不改变一些自己的消费习惯。在市场经济中，价格其实是一种信息，它告诉你什么可以多买点，什么要少买点。如果某一种商品涨价了，你就少买点呗。比如油价涨得厉害了，那你就少用汽车多挤公交呗，或者优先选择小排量的车，还环保。

其次呢，就是要充分利用我们前面讲的那个替代原理。几乎所有的商品都是有一定的替代性的，比如猪肉涨得比牛肉厉害，那就多买牛肉吧；如果牛肉涨得也挺厉害，你就多买水产品。反正就是尽量选择一些涨价不是很厉害的东西。还可以多关心一下各种打折、促销之类的信息，生活中多动脑筋省钱，多学学上海人嘛，人家在高物价的恶劣环境中茁壮成长了那么多年，总是会有一些值得我们学习的地方。

上面两个是"节流"，我们当然还需要"开源"。如果你还有几个钱，不是一贫如洗，而又对自己的理财有一定信心的话，你可以去做一些投资嘛。可能现在很多人都感觉人民币最亲切、最可爱，但是在通货膨胀的情况下，今天的这个人民币就不是明天的那个人民币了，因为它要贬值，所以持有人民币还不如持有人民币资产或其他保值增值的资产。

什么东西能保值增值呢？物以稀为贵，稀罕的东西总是会有升值潜力的，比如土地、房屋、矿产、石油，等等。那么你说，我没有那么多钱买房置地啊。这个不难解决，你去买黄金啊，去买那些资源性企业的股票啊，如果你实在承受不了风险，就买国债吧，政府总不能倒闭吧？前面说了“入市需谨慎”，但不是叫你不入市啊，只要我们保持谨慎冷静，不要老想着暴富的神话，抱着跑赢CPI就是胜利的心态，股市就不是人们想象中的那种洪水猛兽。反正人活着总不能让尿憋死，总能想出办法的。

这里最后再说一个问题，那就是在通货膨胀的时候借钱的人比出借的人要占优势。这倒不是说现在借钱的人债多了不慌，一个个死猪不怕开水烫，都成了大爷的这种现象，而是说在通货膨胀时期你收到的利息可能还赶不上物价的上涨，这你不就吃大亏了嘛！所以不要老是把所有的钱都存在银行里，这样你就是在变相地当那个债主冤大头啊。买基金、买股票，甚至读点书——千万不要忘了，教育也是一种投资啊。总之，中国的普通老百姓应该到了思考怎样投资的时候了，大家不要被解放初的那个“存款光荣”给束缚了，要知道后面还有“取款自由”这一条呢。取出存款去投资，这似乎也是“开源”的唯一方法了。

第九章
老百姓注定买不起房?

下面我们将要谈到的话题可能就是大家最关心的话题了：房市。“金窝银窝不如自家的狗窝”，可能没有一个国家的人像咱们中国人这样看重家，看重房子。以前在农村（似乎现在也还是），如果想娶上媳妇，必须得事先盖好几间大瓦房；而在城市里的人呢，也都期望着自己能够住在真正属于自己的房子里，似乎这样才能真正算一个城里人。

而现在，情况似乎愈发严重了，由于房价的高涨，很多人只能“望房兴叹”了。于是，那些有房有车有稳定工作的“经济适用男”现在深受广大女性群体的青睐，不过我却感到非常悲哀：您这是嫁人呢还是嫁房？不过，我们似乎也很难有什么理由批驳那些女同胞们，毕竟谁都希望能有一个真正属于自己的家。既然大家这么关心，我们首先就来看看房地产市场的历史。

在20世纪90年代初的时候，中国似乎没有这么突出的买房问题，这倒不是说那个时候大家都已经解决住房问题了或者是那个时候的房地产商比较仁慈，而是因为那时住房还没有商品化，是由单位福利分房的。现在有很多人一说起这个就大骂改革，说以前的福利分房多好多好，但是我要说的是，取消福利分房那是历史的必然。那个时候的经济情况可能不像现在这样复杂，一个城市可能主要就是几个大型的国有企业，这相对来说倒容易解决。但是随着人员流动的增加和经济的发展，现在大部分都是中小企业里的员工，那种企业办社会的情况再也不可能出现了，你难道还让每个单位都给职工分房子吗？而且那个时候也不是房子很充足，都能满足大家对居住的要求，分房子是要排队等的，反正你就熬吧，熬资历也好，搞关系也罢。由于僧多粥少，分房里面的猫腻就很难避免了，所以那个时候大家也骂这个政策。后来实行住房改革，有了住房公积金，实行贷款买房了。这看上去似乎也没什么问题，市场经济嘛，我卖你买，你情我愿。

那么住房问题是从什么时候开始受到广泛关注的呢？我想应该是2006年吧，2006年以来面对房地产行业出现的暴利，面对弱势群体买不起房子的无助，全社会几乎对房地产行业一片斥责声。房地产商几乎成了心黑手狠的家伙的代名词，如果非得类比的话，似乎应该就是黄世仁之流了，反正在大家的印象中不是什么好货色——唯利是图，不顾百姓死活。

房价持续飙升，涨幅之大已超过了绝大多数中低收入者的心理底线，收入的增长也远远赶不上房价的增长。在一系列宏观调控下，在购房者喊跌的美好预期中，2007年的房价依然迅猛增长，结结实实地教育了国人什么叫作“没有最高，只有更高”。

其实，我国的房地产市场的投资额一直保持了较快的增长，房地产投资占固定资产投资的比重也一直居高不下，所谓的10%以上的GDP增长率中，房地产行业的贡献那是相当的大。据统计，仅2007年10月这一个月，北京新建商品房的价格就同比上涨了17.8%，二手房价格同比上涨了11.7%。

北京注定不会是寂寞的，因为国家发改委统计，2007年全国房价涨幅呈加快趋势，2007年10月，70个大中城市房屋销售价格同比上涨9.5%。而2007年上半年，深圳新建商品房价格累计涨幅达到了70.3%，均价突破2万元！一时间，深圳再一次成为了全国的焦点，那是相当威风啊！

小链接1：

这个故事说的是武汉有一个房地产开发商，2007年年初卖每平方米3000元，结果一开盘就一下子卖光了。老板拍着大腿说：“哎呀，卖亏了，卖亏了，下次开盘一定要卖6000元。”3个月后开盘就卖6000元，结果刚开盘又一下子卖光了。老板又拍着大腿说：“哎呀，又卖亏了，下次开盘卖9000元。”结果9000元开盘又被一抢而空。老板最后发话说：“这房子咱先不卖了，2008年一开盘就卖13000元，把价提得高高的，涨得让谁都买不起。没关系，反正这房价还得涨。”事情说得可能有些离谱，但是北京、上海、广州、深圳、成都等地的房价几乎就是这么一路涨上去的。

甚至一些二三线城市的房价涨幅也在加快，比如乌鲁木齐和北海两地2007年10月新建商品房价格同比分别上涨了18.5%和17.7%。可以说，商品房涨价从“星星之火”已变成“燎原之势”了。2007年9月中旬，广州市白云区云祥路一块地以18729元每平方米的天价创下了广州市土地拍卖楼面地价之最，之后不久该区域房价相比8月一下子就飙升了2205元每平方米，首次跨入万元时代。

这只是一些缩影而已，这种现象在上海、南京、杭州等地也频频上演，土地价格比同区域的房价还高也是见怪不怪了。许多房地产企业的土地争夺战的激烈程度与街头流氓的群殴也差不了太多，一旦在群殴中获胜，基本上就能得到“单价地王”“城市新地王”“全国地王”之类的高帽。那个时候，打破纪录实在不是难事，几乎每时每刻我们都能看到各种新纪录的诞生，要是奥运会跳高的纪录也能破得这么快，估计不久的将来我们就能跳到月球上去。上涨再上涨，突破再突破，似乎这就是房地产市场的天然逻辑。

在高房价的背后，一方面是对住房有迫切需求的老百姓买不起房子，一方面是房子的大量空置。截至2008年10月底，全国商品房空置面积已经达到了1.33亿平方米，同比增长13.1%，增幅比2008年1~9月提高了2.9个百分点。其中，空置商品住宅6835万平方米，同比增长18%，全国商品房的空置率已经达到了26%，空置率屡创纪录。而国际公认的商品房空置率警戒线为10%。按照国际惯例，空置率在5%~10%之间比较合理，空置率在10%~20%之间为空置危险区，空置率在20%以上为商品房严重积压区。不过我们国家向来都是非常诡异的，相当有特色，似乎国际上很多通例在我国都行不通，大家也不用太当一回事，知道有这个情况就行了。

“不在观望中坚持，就在还贷中挣扎。”面对持续上升的房价，无论是购房者、准备购房者，还是无力购房者，也只能这么自嘲了。一个很有意思的情况是，要说最惨的似乎并不是那些收入最低者，因为他们在2007年盼到了等待已久的政策，虽说到底能不能住上房子还是个未知数，但是好歹有了一个廉租房和经济适用房的盼头。顶多就是一个等呗，反正自己买估计得下辈子，那就老老实实地等着呗，等馅饼砸中自己的脑袋。

而那些比上不足比下有余的人们，是最最痛苦的，眼看着自己的收入增长永远也赶不上房价的飙升，而自己似乎也远远达不到廉租房和经济适用房的标准，连这么一点点的希望都不给，实在是没法活了。当下，“房奴”成了很多人的共同身份，一大帮“房奴”为着同一个目标聚集到这个“光辉”的头衔之下，自然是有很多共同话题，比如这个月你还了多少，怎么还贷款更划算，怎样从牙缝里抠钱比较有效之类的纯技术问题。

《中国青年报》报道：有91.1%的人购房用了按揭，这其中，有31.75%的人月供占到其收入的一半以上。这么看来，现在超过三成贷款购房的人已经沦为“房奴”了，有房一族也是颇为凄凉啊。大家刚辛辛苦苦从黄世仁那里跑出来，又来给房地产商和银行无怨无悔地做起了长工。一个比较确切的数据是：1997年，全国个人住房按揭贷款金额不到200亿；2005年，这个数字已经达到1.6万亿，8年的时间增加了近80倍。

那么，这么高的房价到底合不合理呢？关于这个问题，经常被人谈到的就是那个“房价收入比”的指标，它是指一个地方每户居民的平均房价与每户居民的平均年收入之比。联合国人居中心说，“合理的住房价格”的房价收入比为3~6，世界银行专家说是4~6，反正不管怎么说，大体上都不应该超过6。但是咱们的多数城市的平均房价达到了居民年收入的10倍以上，照这么来看，我们的住房价格已经严重地偏离了合理水平。那么真的是这样吗？这个“标准”适合中国吗？按照中国目前的实际情况可能达到这个标准吗？我看咱们还是得慎重地下结论。

和前面谈到的股市和物价一样，面对全球危机和房价下跌，我国的房市在连续10年的高增长后于2008年进入了“冬天”，国内楼市突然传出了一片降价声、促销声、抄底声、开发商的救市声，可谓“声声入耳”。资金压力大的炒家纷纷抛售出逃，买家持币观望，开发商许以购房“贴契税”“赠装修”等暗降价方式越来越多……房地产交易量急剧下降50%，二手房和一手房房屋中介大面积倒闭，已经超过一半。

那段时间为什么楼价出现了一定的下跌呢？大家都知道，房地产行业是一个资金密集型的行业，什么叫资金密集型呢？就是在生产的过程中，对资金的占用比较多，大家别以为那些动不动就搞几亿十几亿的项目的房地产商就一定很有钱，这是相当天真的看法。其实，他们做投资的很大一部分资金要来自贷款，房地产行业的资产负债率一般在60%以上，什么意思呢？就是在花的每10块钱里平均至少有6块钱是借来的。而大家知道2007年由于股价、物价的暴涨，国家实施了紧缩性的货币政策，为了抑制资金的需求提高了利率，所以这个对房地产行业的打击是非常大的。不单是供给方面，在需求方面，对那些借钱炒房的人也是当头一棒。同时由于世界经济的放缓，中国经济遭受巨大考验，未来不确定性等因素也打击了各方面的信心，这些对于房价的下降起了很大的推动作用。

在经过2008年一年的调整之后，不知是不是被房地产商给忽悠了，似乎我们的政府也坐不住了，来“救市”了。大家正迫切地期待着房价继续下跌呢，政府却出来“救市”了。当然政府也很理直气壮：房地产市场与宏观经济具有高度相关性——这个是肯定的，因为房地产的投资占了固定资产投资的一大块，而且房地产的开发会带动相关行业比如水泥、钢铁等行业的发展，为GDP立下了汗马功劳。所以为了在经济危机中保持宏观经济增长，促进房地产市场发展倒确实是一剂药方。为了咱们政府的GDP政绩，就只好再委屈一下咱们老百姓吧！

除此之外，其实还有非常重要的一点，为了防止银行出现呆坏账。要知道，我们很多房奴都是在高价位买进了住房，作为房奴自然是向银行贷了不少钱，但是一旦这些人还不上钱——这还是很有可能发生的，特别是在经济危机下，他们有可能失业，银行就得没收房产然后拍卖，如果房价到时候跌了太多，银行那个贷款可就收不回来了，自然就成了呆坏账，这样就会产生金融系统的风险，到时候这个烂摊子政府也难以收拾，所以现在不能让房价跌得太厉害。于是咱们的政府出招了，其实它出的招数也很老套，虽然有些地方比较拗口，但如果你有了我们前面讲过的一堆知识的储备，你现在肯定很容易就能看出其中的经济学道理。那么让我们来看看咱们政府的那几个套路吧。

2008年10月22日，财政部、国税总局决定，对个人首次购买90平方米及以下普通住房的，契税税率暂统一下调到1%；对个人销售或购买住房暂免收印花税，对个人销售住房暂免收土地增值税。

自2008年10月27日起，中国人民银行决定，将商业性个人住房贷款利率下限扩大为贷款基准利率的0.7倍，最低首付款比例调整为20%。

2008年12月8日，国务院决定，落实出台有关信贷政策措施，支持居民首次购买普通自住房和改善性普通自住房；允许商业银行对境内外企业发放并购贷款；开展房地产信托基金试点，拓宽地产企业融资渠道。

2008年12月17日，国务院决定，对已贷款购买一套住房但人均面积低于当地平均水平，再次申请购买第二套普通自住房的居民，比照执行首次贷款购买普通自住房的优惠政策，对住房转让环节营业税暂定一年实行减免政策。

总之我们政府从那时起，货币政策由“货币紧缩”转变为“适度宽松的货币政策”，从抵制住房消费转变为鼓励买房，我们可以很明确地看出政府救楼市的“坚强决心与信心”。

2007年年底以来，各地出现了“有价无市”的情况，当时很多人高喊：楼市的拐点已经出现。当真如此吗？现在看起来，这又是一个冷笑话。尽管2008年住房价格不断下调，成交量大幅下降，房地产行业进入了调整阶段。但是进入2009年后，北京五环内住宅期房的均价仍在15000元每平方米以上，相对于居民收入还是过高的。目前，房价仍然高高在上，对于绝大多数老百姓来说还是遥不可及，甚至最近北京等大城市房价又开始扶摇直上。那么房价还会下跌吗？是不是房价还会回过头来转而一路走低？我们老百姓难道真的永远也买不起房了吗？下面我们就试着来分析一下这个问题。

小链接2：

受减税等利好政策刺激，2008年11月北京、深圳及上海房地产市场出现成交量持续回升的态势。北京11月共成交期房商品住宅12479套，环比成交套数及面积都增加50%以上。深圳11月商品住宅交易量比10月增加2550套，平均每周成交1510套，每日成交216套，达到了2008年以来商品住宅成交量的最大值。11月上海商品住宅成交70.85万平方米，环比上升41.98%，成交量已经恢复到2008年7月的水平，但同比仍下降44.26%。11月上海商品住宅成交均价13172元每平方米，环比上涨9.53%，同比则上涨18.65%。

大家总是一厢情愿地希望房价下降，找各种理由说服自己房价会降的，寻找各种所谓的靠谱的信息来支撑房价要大跌的判断。我个人也非常希望房价大跌，最好跌到地板价，让大部分人都能买得起房子，但是我悲观地发现这几乎是不可能的事情，跟公鸡下蛋的几率差不太多，至少在不远的将来仍然是这样的。

然而现在似乎开始流行一种坚定的看法：房价已经太高了，高得太离谱了，根本不在普通老百姓的可承受范围内，怎么可能不跌？大家等吧，人人有房的美好生活在等着我们呢。但是我想说的是，一个人忽悠别人不要紧，忽悠自己也不要紧，可千万不要认真地忽悠自己，忽悠到自己也相信自己并没有在忽悠则需要很深的功力，也是非常可怕的一件事情，它会使你处于迷幻和癫狂的状态。为什么这么说呢？我们还得来看中国目前的现实经济情况。

首先我们来看住房的成本，其中一个占大头的就是地价。以前我们是协议转让土地的，但其中存在很多问题，地价太便宜，一是会吸引大量追逐暴利的资金进入房地产市场，会刺激房地产和固定资产投资的泡沫；二是有审批权的官员容易进行权钱交易、暗箱操作；再次是土地按规定是属于全体人民所有，而这种大量的土地以便宜的协议形式转让到少数地产商名下不符合社会公平原则；最后，政府特别是地方政府迫切需要得到财政收入，土地出让金自然是一块非常令人垂涎的肥肉。所以政府决定从2004年起不再便宜地转让土地了，改成了招投标，谁出的价格高谁就能得到土地。

政府本来算盘打得挺好，就是为了要抑制地产商的投资热情，其逻辑似乎也没错：土地价格高，你建了房卖出的价格自然也要高，而价格高了大家买不起，你自然就难卖出去，自然就不会一个劲儿地拿地盖房了。可是政府似乎太小看咱们国人的购买能力了，你怕我们买不起？我们还怕你房子太少呢！为什么我们国人这么牛？难道真这么有钱？显然不是。前面我们在第一章已经谈到了这个问题，那就是我们必须要考虑到中国目前的财富分配状况。

大家知道我们银行这么多存款摆着呢，而其中80%的财富掌握在20%的人手里，对于广大老百姓可能这样的价格已经难以承受了，但是对于那些有钱人来说这根本不算什么，而且他们意识到这里面还有很大的“商机”。况且，中国目前可以供投资的地方实在不多，而楼市正好是一个比较好的去处。他们要把它炒上去然后卖掉获利，而且他们确实能做到，为什么呢？

因为建房的速度肯定远远跟不上筹钱的速度，他们可以在极短的时间内聚集大量的钱把房子价格炒上去，这就是所谓“炒房团”的主要工作。他们看准了我们中国人对房子的“情有独钟”，而且中国人口这么多，对住房的需求量和迫切程度是很显然的事情。这里有一个非常重要的现象值得我们注意：以前“婴儿潮”出生的那拨人在成年的时候，他们对住房有着迫切的需求；同时又伴随着中国独特的家庭结构，比如两个年轻人都是独生子女，他们要买房，自然会有双方父母的支持，也就是说，他们的首付可以由四位中老年同志几乎一生的积蓄作后盾。所以这虽然对双方的家庭压力很大，但是购买力仍然是客观存在的。想到这儿，我们不由得由衷地感叹中国的父母实在是世界上最实惠的父母了！此外，城市化进程的加快，大量农村出身的人涌向城市，小城市的人涌向大城市，也客观上增加了人们对住房的需求。

说完了民间资本，我们还需要来看境外的资金。前面已经说了，由于人民币的升值未变，境外资金有进入中国的强大动力，买入人民币资产，而房产则是最典型的人民币资产。尽管中国政府不断颁布政策限制外资进入楼市，但是资本的逐利性永远无法改变。只要机会存在，境外资金就会竭尽全力绕过政府监管和政策限制，或者以合法身份伪装着进来，或者直接通过地下钱庄进来。仅广州一地，2007年上半年楼市上涨50%，有公开报道称发现3000亿美元通过地下钱庄进入了广州楼市。

此外，当时股市资金也是推高房价的一个非常重要的原因，因为在股市高涨的时候确实有人赚了不少钱，有一部分股市的资金流入楼市。虽然现在由于股票的大跌，这一部分资金应该可以忽略，但是一旦股市再次牛气起来，这部分资金又会过来。

所以说楼市涨起来实在是情理之中的事，那么它能大幅下跌吗？我们还是以供需角度来分析这个问题。

从供给上来看，住房是要建在土地上的，而我国的土地是非常稀缺的，我国人均耕地不到美国的六分之一，不到俄罗斯的八分之一，不到加拿大的十五分之一。特别是由于我国地域差距极大，人们都希望到那些大城市、中心城市发展，这也进一步导致了土地供求的局部不平衡，对大城市的压力陡然增大。既然城市特别是热门城市的土地资源非常有限，卖一块少一块，那么房地产商当然要争得你死我活了，因为他们要生存下去首先得有地，所以土地的成本只能往上走。

小链接3：

在成都市中心，有一座旧的百货大楼被拆成平地，共有82亩。这里是黄金地段，政府想把它拍卖掉。当时有很多人都盯上了这块地，其中包括香港的和记黄埔。等到拍卖的那天，几乎国内外知名的地产商都来了，所有人都关注这块地要拍出多少价来，所有人都在争。这块地的起价是2000万人民币1亩。刚开始是国内地产商们举牌，叫价到4000万时，国内地产商都不再举牌了。这时，香港6家房地产商就开始了激烈的争夺。价格一直往上叫，4000万、5000万、6000万、7000万、8000万。叫到8000万的时候，全场都静下来了，大家屏住呼吸，环顾左右，看谁敢在这么高的价位上继续叫价，直到最后8800万一锤定音。结果，这块地被香港九龙仓地产商拍走了。

根据市政府的规划，重建项目总建筑面积约44万平方米，要建成集大型商场、星级酒店、写字楼、高档娱乐和餐饮场所为一体的超级商场。除了支付地价72.4亿，最终得主还需要投入40多亿，而且必须在8个月内动工，3年半内竣工并投入使用。从中我们也不难推测出其每平方米的成本和最后该卖多少钱一平方米了。

从需求上面来看，无论是有钱人、中产阶级还是“80后”，他们对住房的需求从来就没有减退过，而且在可预见的将来也不会减退。从资金层面上看呢，民营资本、国际资本的状况在短期内也无法改变，它们要找出路，找来找去还是楼市最好。

好吧，我们不从经济学的供需角度分析房价会不会跌，而是从另一个角度来分析。我们就先假设房价一定会跌，那么就让我们来看看都有哪些力量希望看到这个结果。

有一点我是非常肯定的，就算被打死我也不会改变这个结论：咱们普通百姓，深受高房价之苦的人肯定是希望房价会降下来的。好，我们已经得到了支持房价下跌的第一股力量，我们继续。

咱们再来看政府，特别是地方政府。可能大家大都认为政府也是希望房价下降，让更多的人能安居乐业，但是我很遗憾地告诉你：“未必。”政府不是天使，政府要维持下去也是要有资源的，确切地说是要有钱的。随着政府的开销越来越大，钱从哪里来呢？咱们的地方政府找来找去，突然发现原来自己捧着金饭碗在要饭：土地作为一种稀缺资源必然是会很值钱的，而且咱们的政府在土地市场上是独家经营，绝对处于垄断地位，不在土地出让的时候狠狠地捞一笔实在是对不起广大人民群众。你可能会说了：“中央政府不管吗？”中央倒是想管，能管得过来吗？中央政府的人不是超人，也得吃喝拉撒，精力也是有限的。况且根据分税制的安排，城镇土地使用税、房产税、印花税、土地增值税、国有土地有偿使用收入等都归地方政府征收。土地价格实实在在地牵扯到地方政府的利益，一旦牵扯到利益，事情就很难办了，“为人民服务”在利益面前是相当苍白的。咱们可以来看看任志强的某些话，虽然他不可避免地是代表了房地产商的利益在说话，但是我们也可以从中大致判断出政府的利益所在，况且房地产市场还有GDP，还有他们的政绩在里面。我们可以很明显地推断出：如果让地方政府说心里话，他们是死都不愿意让房价降下来的。

小链接4：

“政府拿走的要占到销售收入的很大一部分。我想在发达地区，通常房价中的50%是土地出让部分；在次一点的地方，通常要占到30%，这是土地的部分。那么税费的部分，一般情况下要占到15%到20%，因为税费很多是重复征收的。如果把这一切累计起来的话，确实可能占到60%、70%。比如说一万块钱的房价，建筑成本不到3000块钱，但是土地成本可能是5000块钱，顺义的土地都拍到6500块钱。加上3000块钱，已经9000多块钱了，加上财务成本和管理费用的话，怎么也得卖一万多。而一万多实际上就是成本部分，它要超过一万块钱，一万二、一万三的时候，才有一部分利润。房产开发商拿到的可能是1000块或者2000块的利润，可是政府拿到的是5000多块、6000多块，这个差异是非常非常大的。也就是说政府所获得的收益，大概是开发商收益的4~6倍……”

接着来看咱们的银行。在房地产开发和百姓买房的过程中，银行一直扮演着很重要的角色。源源不断的资金支持，使房地产商再高的价格也能扛住，扛住了高价格就扛住了高利润，银行自然也可以从中分一杯羹。如果房价下跌了，房地产商亏损了，不只银行给房地产商的贷款可能收不回来，给买房者的按揭贷款最终也有可能成为坏账。可见，银行也是同坐一条船的，不希望房价下跌。

房地产商就更不用说了，资本的本性就是逐利，人家辛辛苦苦盖房子、搞关系为的是什么？况且房地产这个行当周期又长，风险又大，没有高利润傻子才干，他们显然没有那种“安得广厦千万间，大庇天下寒士俱欢颜”的觉悟。而只有在高房价的前提下才能有高额的利润，因为即使是在利润率不变的情况下，高房价、高成本就意味着更高的利润总额。

最后来看那些热钱和炒房者。如果房价跌到了地板价，让他们怎么活？还混什么混？所以只要房价下跌一点，他们肯定就会去“抄底”，希望以此把房价再次炒上去好获得暴利。他们要比老百姓更铁血、更先知先觉，他们更明确地知道什么时候可以“抛”，什么时候要“抄底”，所以他们是不会让房价跌到让绝大多数人都买得起的价位的。

好了，看了上面的分析，我想你应该可以得出和我相同的结论：只有普通老百姓一厢情愿地希望房价降下来，但是那些掌握资金、掌握权力、掌握话语权的人是从来不这么想的。所以，房价要下跌还是基本没谱的，即使在短期可能出现一些波动，长期内必然上涨，而即使在波动的“波谷”，绝大多数人还是买不起房子的——这看似是一个非常悲观的判断，其实我是非常非常希望自己的这个判断是错的，非常非常希望中国的事实能够反驳我这个论断。

总之一句话，中国这种看似不合理的房价水平，是和中国特定的现实相一致的。我国发展不平衡，导致很多人都涌向某些“热门”地区；我国土地资源匮乏，人口众多，正好又经历大规模城市化的阶段；我国财富分配非常不平衡，一小部分人掌握了绝大部分财富，完全有能力把任何东西的价格炒上去；我国其他投资渠道不畅，资金无处可去；人民币升值，境内外资金炒作余地很大……这些基本情况不改变，妄谈房价“回归理性”，实在没有太大意思。

谈到这儿似乎也该结束了，但是我还是想再多说几句“多余”的话。

房地产投资固然对中国经济有十分重要的推动作用，是拉高GDP的“灵丹妙药”，但是高房价会无情地吞噬消费，吞噬民众的购买力。在许多城市，购买一套房，相当于用掉一个中等收入家庭数十年的全部收入，使这个家庭根本就没有能力进行其他消费。至于那些按揭的“房奴”，在长达10年、20年、30年甚至更长的时间内，背负着沉重的还贷压力，不得不节衣缩食，高房价透支了他们未来几十年的消费能力。

但是，那些中等收入的人本来应该成为消费的主力的，当他们成了“房奴”，我国的内需从何而来？如果这些“房奴”真像以前封建时期的“佃户”“奴隶”一样只能挣扎在生存线上，何来的商品经济的大发展？我国未来经济的潜力将在哪里？所以，我们的政府绝对不能坐视不管，应该尽快拿出切实可行的方案，至少满足人们“居者有其屋”的基本权利。土地归国家所有，就是全民所有，所以卖土地得到的钱理应用于改善民众的生活，包括住房条件。

比如，政府可以用高价卖土地的钱建一个基金，去补贴住房的弱势群体。这笔资金可以用于建设经济适用房，可以用于廉租房补贴，可以用于道路建设、交通补贴等。此外政府还应该做好转移支付，维护社会公平，等等。我想，以上我说的都是政府的天职，并没有提特别过分的要求，至于政府能不能做好，让我们拭目以待吧。

说了那么多，你可能又要问了，那面对这种经济现实，咱们老百姓买不起房怎么办？

如果你现在还能够凑得出首付，而工作也比较稳定，大概有能力交得起月供的话，我劝你还是看准房价降到相对低点的时候赶紧买了算了，而买了就不要后悔买贵了，因为任何人都不可能知道房价最低点到底会在哪儿。买便宜了算你运气，赶紧给菩萨烧几炷香，感谢菩萨保佑；如果买贵了，就认命吧，毕竟该怎么活还得怎么活。

如果你只是靠死工资的普通打工者，而且连交首付也很有压力，那你就租房吧，我也没有其他更有建设性的意见和建议了，毕竟每个人都买得起房也基本上不太可能。但是，天知道你以后会不会发达呢！咱们姑且就先这么凑合着过呗！

第十章
今天你“加油”了吗？——聊聊“黑金”

随着汽车逐渐在我国普及，汽油、柴油价格越来越受到普通百姓的关注。国家发展改革委发出通知，决定自2009年11月10日零时起将汽、柴油价格每吨均提高480元，测算到零售价格90号汽油和0号柴油每升分别提高0.36元和0.41元。

事实上，许多人对这样的“新闻”已经麻木了。在一般人看来，发改委那帮人似乎吃了饭没干什么事，一天到晚就琢磨着调整油价了，因为今年以来国内油价调整非常频繁，这已经是第N次了。价格调整自然是有升有降的，但是总的看来是升多降少，广大人民群众对政府这种“温水煮青蛙”式的“掠夺”早已怨声载道，不过也是无可奈何，谁让你生活在“天朝”呢。当然，一般这样的时候，各种各样的“砖家”和官方渠道都会声称调价的各种理由，同时还会“论证”中国的油价其实是很低的，以此来安抚老百姓，甚至有“砖家”为此还专门造出一个“裸油价”的概念来忽悠。对这帮人的行径，我实在是很无语。

按照官方的说法，我们国内的成品油价格是这样确定的：当国际原油价格连续22个工作日移动价格平均变化超过4%时，就应考虑对国内成品油价格进行调整，“以使成品油价格能够更真实、更灵敏地反映市场供求关系，促进资源合理利用与公平竞争”。这么看来国际原油价格变化应该是国内油价调整的基础，它能切实影响到老百姓的利益，所以研究国际油价也就成为一件非常有意义的事了。而且，本着“莫谈国事”的原则，我们这里只讨论国际市场的原油价格，希望大家能理解。

最近这些年以来，随着油价高涨，石油的来源问题愈发引人注目，也让那些标榜“石油资源巅峰论”的“砖家”好好风光了一把。借着“资源有限”四个字，油价狠狠地利用了“储量”这个不清不楚的概念为自己的飙升提供了“坚实”的理论基础。咱们普通人，必须要先了解关于石油储量的一些概念，才能避免被人忽悠，所以下面我们先来普及一下这个知识。

石油资源包括已经发现和尚未发现这两大部分，它们的总和就叫“地质储量”。也就是说石油的“地质储量”应该是整个地球上存在于地层原始条件下的已经被发现和尚未被发现的所有石油资源的总储量，至于总数到底是多少，谁也不知道，就是一个概念定义而已。

“地质储量”中，通过人类的勘探活动，已经发现确定的那部分资源，称为“勘探储量”。除此之外，虽然我们还未能发现，但仍然客观存在的石油资源称为“潜在储量”。在“勘探储量”中，其中一部分是我们已经知道有多少，但是凭借现有技术不能全部开发，这些叫作“控制储量”；除去“控制储量”那部分，只能通过粗略估算，不能明确具体数字的储量，叫作“预测储量”。

在“控制储量”中，有最精确数据的应该是“探明储量”。“探明储量”是在石油评价钻探阶段完成或基本完成后计算的石油储量，是在现有技术和经济条件下，可供开采并能获得经济效益的可靠储量，它是这里面最重要的一个概念，是编制油气田开发方案、投资决策的依据。“探明储量”当中还包括了“开采储量”和“未开采储量”。顾名思义，前者是已经进入油田开采生产环节当中实际可得的那部分储量；后者是指还没有被开采部分。

但是现在一些媒体文章里所说的“储量”，往往连他们都不知道自己究竟指的是哪个概念，经常不分青红皂白混为一谈，真是无知者无畏。至于某些心里明白的人，用这种偷换概念的伎俩来蒙骗外行人，达到自身不可告人的目的，则尤为可恨。幸运的是，大家看过本书后，应该就不再容易被蒙蔽了。

那么接下来，我们再来看通常所说的“油价”到底是个什么东西？为什么这个价格能成为世界关注的焦点，搞得沸沸扬扬？

提到石油价格，通常所说的有两种价格：一是在纽约商品交易所交易的（WTI）期货价格；另一个是在伦敦洲际交易所交易的北海布伦特期货价格。

WTI的全称是西德克萨斯中质原油（WEST TEXAS INTERMEDIUM），所有在美国生产或销往美国的原油，其计价都以WTI为基准油。西德克萨斯中质原油因其原油质量高、重量轻且含硫量低，非常适宜生产汽油。此外，其产地的地理位置优势使其成为美国理想的精炼原油。大多数WTI都在美国中西部地区进行精炼，一部分在墨西哥湾沿岸地区进行进一步精炼。WTI在纽约商品交易所进行交易，在俄克拉荷马州的库欣进行交割，其价格是世界原油市场的基准价格之一。公众和媒体平时谈到油价突破多少美元时，主要指的就是这个WTI价格。

布伦特原油，出产于北大西洋的北海布伦特地区，是由产自北海的15个不同油田的石油调和而成，虽然质量不如WTI，但仍是适宜生产汽油的，也是被广泛交易的基准油。

相比布伦特，WTI的价格更具备基准性，这除了WTI的高品质，还有地理位置和货币等因素。WTI在美国销售，而美国是世界重要的石油消费国，输油管线遍布全美，很容易将原油转移至美国其他地区进行精炼。美国在世界范围的金融地位和在原油交易结算的功能也使WTI价格更具有广泛的参照意义。可以说，美国以其超级原油买家的实力，加上纽约商品交易所本身的金融控制力和影响力，使WTI价格成为统治世界原油市场的基准价格。

其实，我国的大庆、胜利石油价格也曾经在东南亚地区拥有过基准定价权。东南亚地区的原油，如越南的白虎油、马来西亚的米纳斯油、印度尼西亚的塔比丝油，在定价时都要参看大庆石油的挂牌价。直至2004年我国完全停止石油出口，这种国际定价权才完全丧失。

那么我国目前的石油产品是如何定价的呢？

我们现在采用“成本定价法”，以布伦特、迪拜和米纳斯三地原油现货价格的加权平均值为基准，加权比例为“4：3：3”，在此基准的基础上，再加上关税、消费税、增值税、运费、炼油厂的炼油成本和“适当”的利润空间等，共同形成国内成品油零售基准价。如果把其他部分看作相对固定的话，理论上说，我国的成品油价格应该基本依据国际原油价格的波动而变化。

自2008年1月开始，以美元计价的石油价格连续疯狂上涨。2008年新年的第一个交易日，国际油价（WTI价格）便历史性地首度突破每桶100美元大关，达到100.09美元的“天价”。在2008年5月的22个交易日中，WTI8次刷新历史纪录，月平均价达到每桶125.5美元，比2008年4月上涨11.6%，于2007年环比上涨97.6%。2008年7月11日，纽约商品交易所的盘中油价飙升至每桶147.27美元——这个数字将会在相当长时间内被当作“历史纪录”。

虽然油价似乎涨得令人心惊肉跳，但是你如果从另一个角度看油价，或许会看出些许端倪。如果我们从黄金价格和石油价格比值来看，2008年1月的比值为每盎司黄金换9.57桶石油，然后下降到最低时6月的6.64桶，之后又回升到8月的7.2桶（注意这里的数字越小代表油价越高）。这些数字和1976年10月的8.36桶、1982年6月的9.84桶、2000年11月的7.91桶、2005年9月的6.96桶相比其实并不算很低。也是就说，以黄金来衡量，2008年油价的上涨并不像想象的那么严重，和历史数据进行比较，石油的价格是在上升，但上涨的幅度并不像以美元计价的数据幅度那么大，其中美元的贬值在里面发挥了很大的作用。

而此后的油价暴跌则意味着萧条时代的到来。2008年11月下旬油价已经跌落到每桶50美元之下。进入2009年以来，第一季度基本上处于“震荡下行”的阶段，1、2月基本上在每桶40美元附近震荡，3月上旬在每桶44美元附近运行。而之后，油价又进入了“恢复性上涨”阶段。随着各国纷纷推出大规模经济刺激计划，大量资金流入市场。在全球流动性不断增加的情况下，实体经济止住了持续下滑的势头。同时，美国等发达国家在2008年下半年油价暴跌后大幅度增加石油库存；另外，美国政府为了刺激经济，大规模发行美元，使得美元不断贬值，从而导致以美元计价的国际油价在需求疲软的情况下反弹并持续走高，整个5月涨幅将近30%，创下10年来最大单月涨幅纪录。6月油价突破70美元，但是与2008年7月140美元相比还差距甚远。而2009年11月到12月，油价又从每桶80美元逐渐跌到每桶70美元以下。

对于石油价格的这种上上下下的走势，有很多人发表许多不同的理论来进行解释，“产能有限”“为了库存平衡”“新兴国家需求”“油价阴谋”“热钱炒作”“资源国家囤积居奇”等，让很多人看不懂。那么我们到底应该怎么看待这些说法呢？在这里我们要特别警惕那些似是而非的理由，要用我们自己的头脑去判断，不能人云亦云。

在以上众多理由中，“产能有限”被大肆渲染，很多人都认为从资源角度解释油价高涨是对问题的最根本解释，也是最有说服力的。油田的寿命、资源的有限性、供应跟不上需求的上涨都成为了这种论调的支撑理由，要人们接受这种在没有找到合适的替代能源之时，就被迫向“廉价油时代”告别的悲惨境遇。

确实，对于某一块油田来说，的确存在其所谓的“生命周期”，表面看来的确有生产高峰，也会有衰老，最后甚至会枯竭，失去开采价值。以“资源、产能有限”解释高油价的专家大腕们正是抓住了这一点，有意识地夸大油田的生命周期，借此给市场造成恐慌，达到其某种目的。

需要说明的一点是，我本人并不反对“资源有限”这一必然正确的结论，任何在地球上的资源绝不可能无限，如果不加大勘探力度和科技创新力度，现有能用的石油资源会越来越少，并最终都会面临枯竭的命运。便捷和廉价的石油时代无疑已经一去不复返了，频繁和轻易地发现大型油田的年代也已经成为历史。但是石油时代的终结远不是某些人所宣传的那样近在咫尺。艾哈迈德·扎基·亚马尼曾经说过一句非常经典的话：“石器时代的终结并非源于缺少石头，同样石油时代也不会因为有人说石油枯竭而消亡。”某些人用石油储量产量的顶峰论来解释油价的高低，并借这种“炒冷饭”的方式来吓唬普通百姓，实在让人很无语。

2008年，世界第二大石油出口国俄罗斯依托新油田开发增加原油产量，从而实现了产量反弹。俄罗斯石油管道巨头——俄罗斯国家石油管道运输公司称，2008年，俄罗斯的石油产量至少增加300万吨，该年共向国内外运送4.66亿吨石油，通过管道出口的石油总量将达到约2.5亿吨。随着东西伯利亚新油田的开发，俄罗斯2009年的原油产量可能增加5%以上，并预计东西伯利亚地区的油田在2010年将能生产1320万吨原油。

小链接1：欧佩克

1960年9月，由伊朗、伊拉克、科威特、沙特阿拉伯和委内瑞拉的代表在巴格达开会，决定联合起来共同对付西方石油公司，维护石油收入。9月14日，五国宣告成立石油输出国组织（Organization of Petroleum Exporting Countries——OPEC），简称“欧佩克”。随着成员的增加，欧佩克发展成为亚洲、非洲和拉丁美洲一些主要石油生产国的国际性石油组织，其总部设在维也纳。现在，欧佩克旨在通过消除有害的、不必要的价格波动，确保国际石油市场上石油价格的稳定，保证各成员国在任何情况下都能获得稳定的石油收入，并为石油消费国提供足够、经济、长期的石油供应。2003年该组织成员石油总储量为1191.125亿吨，约占世界石油储量的69%，其中排在前三位的成员分别是沙特阿拉伯（355.342亿吨）、伊朗（172.329亿吨）和伊拉克（157.534亿吨）。2003年该组织成员原油产量为13.218亿吨，约占世界原油产量的39%，其中排在前三位的成员分别是沙特阿拉伯（4.215亿吨）、伊朗（1.865亿吨）和尼日利亚（1.06亿吨）。

欧佩克年度统计公报更是表示：“2030年石油供应仍然充裕。”石油市场不存在短缺，油价大幅度波动是供需基本面以外的其他因素在起作用。该报告特别强调，在可预见的将来，全球原油和天然气的剩余资源足以应付需求增加。到2012年，非欧佩克石油供应预计将迅速增加，主要来自于巴西、俄罗斯和里海地区。2012年以后，非欧佩克能源供应量预计将维持增长，主要是在美国、欧洲和巴西，特别是油砂和生物燃料等非原油来源。到2030年，非欧佩克供应总量达到6000万桶/天，而对于传统原油总的需求将不超过8200万桶/天，“最终可采储量对于应付需求绰绰有余”。

世界其他国家增产的油量可能正通过深海钻探及创新技术的发展得以证实，新兴的资源国家及地区包括巴西、俄罗斯、加拿大、墨西哥湾地区和里海地区。巴西在圣保罗海岸附近发现了石油蕴藏量达330亿桶的卡里奥卡油田，它或许是近30多年来最大的石油发现。而2007年11月巴西已在这个新油田附近发现了图皮油田，后者的蕴藏量为50亿到80亿桶。德意志银行的研究称，“单单图皮油田就有可能使巴西跨人最大的石油出口国行列”。

而这远远不是终点，在加拿大、北极，在许多其他国家正在发现更多的新油田。美国的地质调查局报告称：北极地区拥有全球13%的未探明石油储量，相当于900亿桶，而该地区47万亿立方米的天然气储量相当于全球未探明天然气储量的30%，与俄罗斯已知的全部天然气储量相当。更让人看好北极石油前景的原因在于，这些资源从技术等级来看都是可以开采的。石油储量的有限性本身并没有错，但是其枯竭是个缓慢渐进的过程，在当下谈论这个事情没什么大的意义。正像人的寿命肯定是有限的，不过区区几十年，但在青壮年时期我们完全没有必要对此惴惴不安。

那么既然石油并不是实质性的短缺，为什么还有那么多“砖家”在炒作这个事情呢？大家记住这样一句话基本上就算能了解大部分事实的真相了：人的行为方式大都源于其自身利益。

如果你问那些“砖家”，石油的“顶峰”规模到底有多少？什么时候到来？估计他们马上就会被问住，然后告诉你这个谁都说不好，反正记住这种“顶峰”会来就是了。扯淡！那帮子人真的在天真地认为别人都很傻很天真。

说到这儿，你可能要问了，油价大幅波动的根本原因到底是什么呢？

金融套利是石油价格涨跌的真正原因！

为什么石油可以成为金融套利的途径呢？我们来看下面几个方面的原因。

首先，石油是一种特殊的、人们了解较少的资源。石油作为深埋于地层之下的资源，不像白菜萝卜那样容易被人接触和认识。这种资源虽然非常重要，但是各种信息严重匮乏，这就为有些人炒作提供了便利，加剧了石油价格的波动。一个完全有效的市场应该是信息透明和对称的，但问题在于，要对石油资源进行分析，必须有关于生产、消费、库存等各方面的数据，而这些数据又往往难以为大多数人所掌握，极少有人知道石油背后到底发生了什么故事。这恰恰是机构和投资人所期望的，没有透明度就意味着可以用任何借口和理由进行金融炒作套利。“产能达到顶峰”啦、“库存不足”啦、“战争热点地区紧张局势”啦，等等，这些看起来毫无破绽的理由足以让大部分人心理崩溃，乖乖地听人摆布。

其次，石油价格波动的范围不断加大，也增加了炒作石油的诱惑。大家要知道，我们普通人可能期望价格稳定，那些炒家可是每天烧香拜佛祈求价格能大起大落，只有这样他们才能赚钱，才能赚大钱。要是价格一成不变，被固定死了，让他们吃了饭干啥？石油价格的波动从以前的几美分到几美元，到十几美元，甚至几十美元，这种“短平快”的套利工具怎能不受那些资本大鳄的青睐！

而且，石油交易的投资门槛很高，对一般的投资者来说简直高不可攀，从而更有利于大型机构投资炒作。也就是说石油交易的投资和股票投资不同，它里面是没有散户的概念的，你说你手里有点闲钱，想投资石油，买个百八十桶囤着，对不起，你想多了，咱们没有那一说。所以，石油投资就像赌船上的那种大型赌局，赌局波涛汹涌，暗藏杀机，可以让你瞬间富有四海，又瞬间一贫如洗，赌徒们都在享受那种大起大落的快感。

正是由于石油具有上述“良好”的特质，才成为国际炒家“居家旅行、杀人越货”的必备产品。石油的货币化趋势也越来越明显，美元的贬值更加剧了这种趋势。1944年布雷顿森林会议以来，美元横行“江湖”数十载，“未尝遇一敌手”。而如今，随着欧元的崛起以及金融海啸的爆发使得美元的地位受到了动摇。自2002年以来，美元对其他世界主要货币一直存在着贬值的趋势，油价因此逐步攀高也在所难免。

油价背离供需基本面的事实也为我们的“金融投机论”（暂时就这么叫它吧，现在很多人都喜欢在某一说法后面加个“论”字，我们也入乡随俗）提供了佐证。

从2003年到2008年，全球对石油的需求大约上升了8%，美元对全球主要货币贬值超过25%，而国际油价的增幅却高达277%，然后又大幅回落。这样剧烈震荡的油价，完全脱离了供需基本面。如果有人还坚持说这还是“看不见的手”在调节的话，基本就可以断定他是在胡说八道，睁着眼睛说瞎话。

比如2008年7月10日，欧佩克宣布降低对全球长期石油需求的预测，称因能源节约，2030年的石油消费量会比先前的预测低3.7%。然而就在这个对于需求减少的预测发布之后，油价居然没有随之降低，反而冲到了147美元以上，这里面发生了什么故事自然也就不言而喻了。

那些炒作专家完美地利用了人们的心理因素来操纵油价进行套利，在投资者需要的时候，把一切能影响到石油价格的因素放大，利用这种价格波动来套利，在一升一跌中赚足了钱。

在这个炒作中，除了投资银行、对冲基金等投资机构从中获利外，资源国和石油康采恩也成为了赢家。

小链接2：石油康采恩

康采恩是由英文“Concern”音译而来，是“相关利益共同体”的意思，是垄断组织的高级形式之一，由不同经济部门的许多企业联合组成，包括工业企业、贸易公司、银行、运输公司和保险公司等。它旨在垄断销售市场、争夺原料产地和投资场所，以获取高额垄断利润。参加康采恩的企业形式上保持独立，实际上受其中占统治地位的资本家集团（一般是大银行资本家）控制。康采恩中的各个成员企业仍保持法律上的独立性，不失其法人资格，处于核心地位的大企业或大银行作为持股公司，通过收买股票，参加董事会和控制各成员企业的财务，将参加康采恩的其他成员企业置于其控制之下，其目的在于增强其经济优势，获取高额垄断利润。石油康采恩，就是这种有关石油的“相关利益共同体”。

2008年石油康采恩的盈利水平正迈向新高，全球10家最大的独立石油企业全年从石油和天然气生产中获得的新增营运利润估计会超过1500亿美元，比2007年增长三分之二——这样的情形在石油行业的发展史上是绝无仅有的，远远超过了近年来平均15%的成本增长。

既然是赌局，其中有赚的，那自然会有亏的。这里我们举一个油价暴涨早期的例子，是有关我国企业的，大家应该会对此有兴趣。

小链接3：中航油的“杯具”

陈久霖是国有控股的中国航油（新加坡）股份有限公司（简称中航油）的总裁，也是一个铁血赌徒，只不过他是赌输了的赌徒。当时他拿着赌资（中航油）雄心勃勃地准备在新加坡期货交易市场中进行石油衍生品交易。在原油价格位于每桶35至39美元的区间时，赌徒陈久霖坚定地认为石油价格会下跌，开始“做空”。

然而他忘了石油价格是可以被人操纵的这一真理，国际油价随后给他开了一个天大的玩笑。国际对冲基金利用伊拉克危机、俄罗斯尤科斯震荡、阿拉伯恐怖袭击等国际事件的放大效应哄抬油价。直至2004年10月，国际油价涨势如潮，暴涨40%。在此轮涨价中，陈久霖正中了国际众多集团的陷阱。

2004年9月，中航油同一家投行签订石油衍生品合同，其中约定：石油10月的平均价格不会超过每桶37美元。实际上，在期权合同生效期间，每桶油价平均上升至61.25美元，中航油因此每桶损失24.25美元。

2004年10月，国际石油价格达到55.67美元时，中航油的油品期货合同已经高达5200万桶，中航油所持有的做空期货合约如果不想出现亏损，就必须将交易时间一再后拖（简称转仓），同时还需要付出相当于交易额5%的保证金；如果无法补足保证金，将被交易所强行平仓。为了转仓及应付保证金追缴，该公司2600万美元的营运资金、原本计划用于并购的1.6亿美元联贷及6800万美元的应收款项几乎全部用完。

然而，最终陈久霖也没能在这场赌局中最后赌赢。中航油因误判油价走势，在石油期货投机上亏损5.5亿美元，向新加坡高等法院申请破产保护。公司总裁陈久霖在案发数日后被停职，并搭机回国接受调查。

虽然我国总在世界石油价格波动中受到损失，然而可气又可笑的是，国外媒体居然借着国际油价飙升的幌子来无端指责中国，在他们看来，他们又为“中国威胁论”找到了一个明确证据。

事实上，有点脑子的人简单想想就能驳斥这种鬼话。我国的石油消耗只占世界消耗量的7%至8%，而美国消耗的则是世界上25%的石油，而且我们要注意的是，我们的人口是美国的4倍多，其实我国还是一个以煤炭为主要消费能源的国家。有科学家认为世界如果要按照美国的生活标准生存和发展，需要9个地球的资源支持。然而这些却很少被拿来说事儿，他们只盯着中国的石油消耗不放，这简直是“只许州官放火，不许百姓点灯”了！

然而不管怎么说，我国难以在这种油价波动下独善其身，这是一个无可否认的事实。作为主要的年进口量超过一亿六千万吨的石油消费大国，我们却没有对石油的定价权。这不得不说是我们的悲哀，值得有关专家深思。我倒是衷心希望那些真正的专家能对我国的石油安全、石油战略作深入的思考，为我们的政府多献计献策，而不是像跳梁小丑一样，出来忽悠普通老百姓。

了解了国际原油价格的那点破事儿之后，我们应该能推论得出：如果我们国内的成品油价格真正完全以国际油价为基准，那么我们国内的普通消费者就将直接面临国际油价大幅波动的风险。

而目前我国成品油价虽然“参考”国际原油价，但是事实上还是处于政府管制的状态，政府对其有很强的决定权，虽然缓冲了国际油价大幅波动的影响，但也导致了某种程度上的定价随意性，容易为国内垄断利益集团所左右。到底是真正、完全与国际市场“接轨”好，还是目前的这种“管制”好，就要看大家各自的价值判断了。

第十一章
我们可以靠市场解决粮食问题吗?

这一章，我们来聊聊粮食的问题。虽然我们平常几乎很少关注它，但是粮食这种商品应该说对于人类是非常重要的。俗话说得好：“人是铁，饭是钢，一顿不吃饿得慌。”一个人只有吃饱了饭，能生存下去，才能谈其他追求。中国历代封建王朝灭亡，虽说有许许多多原因，但是最根本的原因还是很多人吃不饱饭了，生存不下去了，才有动力、有胆量揭竿而起。

有关粮食问题的讨论，我想比较著名也比较容易引发争议的是茅于轼对18亿亩耕地红线的质疑，他认为中国的粮食问题应该交由市场解决。对这个论断，支持者有之，但更多的人则从各种角度提出了反对意见，有些情绪比较激动的“愤青”“愤老”们甚至对茅老进行了人身攻击，虽说没有到问候祖宗的程度，但是有些人骂人不带脏字的功夫实在是狠辣，不禁让我感叹有文化的流氓的可怕。这也让我树立了一个伟大的理想——终身学习，不然哪天自己被骂得狗血淋头都还不知道怎么回事，以为人家夸自己呢，这岂不亏死?

在这里，我想我们不进行人身攻击，只以平和的方式谈谈对这个问题的看法还是比较有意义的，虽然革命不是请客吃饭，但是争论也不应该是斗殴打架啊，大家都还是文明点好。

同样按我们一贯的方式，我们先来看现象，这主要是国际上的粮食市场的风云变幻，大家对此可能不是很了解。我想，只有了解了这些事情，我们才能对这个问题形成自己的看法。

2008年3月27日，全球第一大米出口国泰国宣布，其B级大米出口报价从580美元/吨上涨到760美元/吨，这创了20多年来的新高。大家可能对泰国大米很熟悉，其实泰国作为第一出口大国对国际的大米价格具有非常大的影响力。

这次它仅仅用了一天时间就让米价暴涨了30%，但这才刚刚开始。4月17日，泰国大米再次爆出1000美元/吨的天价，比3月同期的米价足足涨了一倍。世界银行的数据也显示，仅过去的两个月中，国际米价就猛涨了75%。我们上次的股市暴涨速度和这个比起来真是小巫见大巫了。

那么米价飞涨会出现什么情况呢？如果完全由市场调节，我们可以预期到，那些大米出口商面对更高的国际价格，将会把更多的大米卖到国际市场而减少国内市场的大米供应，这又会导致国内的米价上涨，这显然会对国内的低收入者产生很大的压力。所以，有作为的政府肯定不会坐视不管，肯定要干预大米买卖的。实际上它们也是这么做的，很多国家不约而同地展开了一次“禁米运动”。2008年3月26日，柬埔寨首相洪森首先公布了对大米出口大户的大米出口禁令；2008年3月28日，全球第二大大米出口国越南宣布，将今年的大米出口量减少四分之一；与此同时，埃及也宣布暂停大米出口。

这种做法虽说看上去不太厚道，但是为了本国的利益似乎也无可厚非。但是这么一来，那些大米进口国就遭罪了。在菲律宾马尼拉的400家粮店门口，每天都是一大早就排起了等候的长队。而由于供应不足，国营粮店经常无米可卖，每周最多营业3天。粮店规定，每个菲律宾人每天限购粮食3公斤，饭店也将每份饭量减少了一半。这个听上去好像是天方夜谭，只有故事书里才能找到的事情就活生生地发生了。不过菲律宾政府相对还算幸运的，由于在促进粮食生产上的工作不力，海地总理雅克·爱德华在饥饿国民的一片指责声中灰溜溜地下台了。可见粮食一旦发生问题，那它就不仅仅是一般的经济问题，还是严重的政治问题。

事实上，涨价的不仅仅是大米，也不仅仅是在2008年才出现。从2005年到2007年，小麦的价格上涨了70%，玉米的价格上涨了80%，奶制品的价格翻了一番。而从2007年开始，玉米、小麦、大豆的国际市场价格更是一路飙升，其中玉米和小麦的价格甚至都达到了10年来的最高价位。相比较而言，大米其实涨得还并不算离谱。

2008年4月9日，世界银行发表报告称，截至当年2月底，过去3年国际市场小麦价格上涨了181%，食品价格上涨了83%。世界银行行长甚至因此警告：国际粮价上涨将使贫穷国家的1亿人口更加贫困。更为雪上加霜的是，全球粮食储备已经降低到了1980年以来的最低水平。国际公认的安全储备是至少满足全球70天的需求，而如今，全球粮食最多还能维持53天。本来，粮食储备就是为了确保粮食安全，减少粮食价格大幅波动而采取的措施，所以很多国家都储备了大量的粮食。但是大家知道粮食不是不锈钢，随便放在仓库里是要变质的，为了维持储备粮，成本是比较高的。这些粮食没用到的时候感觉没什么价值，白白浪费资源，所以有些贪小便宜的国家就纷纷地减少了储备。但是，现在它们知道苦头了，知道了有些钱是死都不能省的，你要是省了，就真得死人了。

有人领头，自然就会有人跟进。全球粮食吃紧，这一消息使其他国家更重视本国的粮食安全。2007年2月到10月，印度依次宣布限制或禁止小麦、玉米和面粉的出口。相对来说，印度尼西亚算软一点，为了减少出口，它宣布棕榈油的出口关税从1%提高到6.5%。还有俄罗斯、阿根廷等国家，不是对出口粮食进行限制就是对进口粮食进行补贴，反正目的只有一个：稳定国内的粮食供应，不要让饿红了眼的国民把自己赶下台。

粮食危机中受影响最深的永远是穷国、弱国，让我们来看看下面的真实故事：

在发展中国家，穷人75%的收入用于食品支出，粮食涨价更使他们的生活雪上加霜。比如孟加拉国，在2008年半年内，孟加拉国的大米零售价狂涨了近60%，向来以米饭为主食的孟加拉人越来越感觉到生存的压力了。很多米店门口排了长长的队伍，为了争抢粮食经常发生暴力冲突，促使政府不得不动用军队维持秩序。相对来说，孟加拉国人还是比较文明的。至于我们那些非洲大兄弟们就比较直接了：谁让我们吃不饱，我们就去吃了谁。

2008年2月5日，位于非洲东南部的国家莫桑比克的首都马普托，大批群众涌上街头抗议粮食价格上涨。关键时刻警察出手了，本来估计他们想着吓唬吓唬那些闹事的也就过去了。然而，他们显然低估了肚皮的威力。非洲的大兄弟们充分发扬了坚持作战，将闹事进行到底的二杆子精神，示威活动很快演变为暴力示威。人们焚烧轮胎、投掷石块，并与警方发生冲突。在这次骚乱中，有6人受伤，一辆警车被人放火焚烧。直至次日，这次暴力骚乱才被平息。这么看来，这次非洲大兄弟们闹事还是比较有分寸的，居然没有死人。

但是有分寸不代表着就不再闹事。非洲西部，毛里塔尼亚发生示威抗议粮价上涨。然后示威活动就像传染病一样蔓延开来：喀麦隆、布基纳法索、科特迪瓦、塞内加尔、埃及、印尼、秘鲁、墨西哥……十几个国家因为粮食问题发生了骚动，有些甚至演变成为暴力事件。世界银行发布的报告指出，有33个国家正面临因粮食短缺而发生动荡的危险。世界粮食计划署也凑热闹说粮价上涨使全球一亿多人深陷贫困之中。我们姑且不论这些专业机构的估计是否绝对正确，但是国际粮食市场的“自发调节”显然没能解决这些国家的“吃饭问题”。

那么国际市场上粮价飞涨到底是什么原因呢？真的是粮食生产少了吗？

首先，我们必须明确一个概念：多和少都是相对的，很多情况下，不在于你有多少，而在于你要多少。2007年尽管有些产粮国出现减产，比如澳大利亚，但整体来说全球粮食产量还是增长的。根据联合国粮农组织提供的最新数据，2006年全球粮食产量为20.129亿吨，2007年为21.085亿吨，增幅为4.7%。但是，产的多不如要的多。那么都有谁在要这些粮食呢？

说到底这还是一个石油问题。你可能会说，有没有搞错？这两者风马牛不相及啊！我没有写错，你也没有看错，它们两者还真有关联。如果大家记性不错的话应该都还记得，我们在谈通货膨胀那一章讲过，因为近些年国际原油价格飙升，很多国家大力鼓励增加生物燃料的使用量。所谓的生物燃料，就是由生物转化而来的燃料，其中很重要的一种就是由玉米加工而来的乙醇。所以说有一部分本该到饥民口中的粮食被汽车发动机“吃”了。想想这是一个很混账的结果，但是这就是经济的逻辑，因为在美国人看来他们用粮食替代能源更省钱，是他们“利益最大化”的必然结果。什么叫“饿”他们不知道，他们只知道肥胖是一个严重的社会问题。

另一个因素就是富国对农业的大量补贴，比如美国每年对农业的补贴高达数百亿美元，欧盟也一样，每年都对农业投入高额的补贴。补贴相当于降低了生产者的成本，使他们的产品在市场上更有竞争力，对发展中国家的农业生产产生巨大的冲击，甚至使贫穷的农业国越来越贫穷。比如，亚洲国家曾盛产大豆等油料作物，但是1995年以来，美国农场主靠政府巨额补贴廉价出口大豆。这导致了国际市场大豆价格持续走低，令亚洲豆农苦不堪言。这种不公平竞争的结果就是亚洲大豆生产逐步萎缩，一些原先的大豆出口国变成了进口国。全球的大豆生产中心也由亚洲地区转移到了以美国、巴西和阿根廷为主的美洲地区。

你可能会说了，那么亚洲国家的政府怎么不补贴，眼睁睁看着自己的农民被挤出市场呢？不是不想，是不能，没钱啊！要知道这些国家本身就比较贫穷落后，不像“山姆大叔”那样财大气粗。富国对农业的补贴削弱了发展中国家的经济，让发展中国家的农民变得越来越穷，即使收获了粮食也卖不出好价钱，就越种越少，产生恶性循环，最终这些粮食生产和出口被富国垄断。那么一旦哪天，他们不想出口那么多粮食了，要去“烧”粮食的时候，粮食价格怎么可能不涨？

还有一个很重要的原因就是市场的投机。这两年美联储为了应对次贷危机扩大了货币供给，投资资金流入大宗商品的炒作。因为这些资金的流入，农产品期货价格随即出现了飙涨和剧烈波动。投机资金通常会借助一些题材或“概念”疯狂炒作，不让你目瞪口呆绝不罢休，那是相当锲而不舍啊！比如在市场传言中国春节前后雪灾造成植物油短缺的背景下，芝加哥大豆期货屡创新高，让人感到不可思议，搞得好像如果没有美国的大豆，中国人就得全饿死一样。

所以粮食价格实际上并不完全是由那些真正要吃粮的人们的需求所决定的，而是与投机商的炒作有着直接的关系。当然，投机商的这种也叫需求，只不过他们的这些需求不是用来吃的，而是用来“炒”的。根据美国农业部公布的数据，2007年美国玉米、大豆和小麦三种农作物的产值达到926亿美元，而其产值的一半被农产品期货买家持有。2007年11月以来，对农产品期货市场的投资已从250亿美元猛增至650亿美元。

可以说，华尔街的投机家们正是世界上最大的粮食囤积居奇者，虽然这些粮食足够把他们祖宗十八代都撑死，他们仍然要买进、买进，为什么？因为他们知道粮食对人来说是必需的，只要能控制粮食供应就能获得暴利。在投机资金将大豆等农产品价格连续炒作至历史高位后，发展中国家的进口成本成倍增加，最终的冤大头就是消费者，那些低收入者也就无可奈何地陷入忍饥挨饿的悲惨境地。

上面谈到的都是国际上的事情，如果你没有什么悲天悯人的国际人道主义精神，完全可以把它们当作有意思的故事听听。那么我们国家的粮食安全情况怎么样呢？

在这样的世界“粮荒”中，所有国家都在关注自身粮食安全问题，作为一个拥有13亿多人口的粮食大国，不慎重对待这个问题简直就是脑子进水。幸亏我们的政府没有脑子进水，还是非常重视粮食安全的，而且可以说做得相当不错。不等不靠，基本上依靠自己的力量解决中国人的吃饭问题，这个毫无疑问是一个了不起的成就。

事实上，我们国家的粮食价格也有着不同程度的波动，要说不受国际影响，我们很牛很强大，那基本上就是胡扯。但总体说来，与其他国家相比，我们的粮食供给和粮食价格都要平稳得多，据相关部门统计，2008年上半年，我国的夏粮生产达到了1.2亿吨，创了历史新高，这已经是连续四年增长了，而且还是在自然灾害条件下取得的成绩，非常不容易。这说明我国目前的粮食生产在战胜自然灾害、抵御国际不利环境上都有着强大的实力。

事实上，我国的粮库储备粮远远高于世界粮食的警戒线，所以我们即使某个时间段某个地区出现了“粮荒”现象，按照这个粮食储备，也完全可以自主调剂余缺。你可能会问：“我们国家在其他民生方面做得一般般，在粮食问题上怎么这么出色，这么有先见之明？”这其实是被逼的，世界上应该很难有一个国家人口和耕地的矛盾像中国这么突出，很少有一个国家的人们对饥饿有像中国人那样深刻的感触。中国人是因为饿怕了，才会采取这种看起来非常傻，但是非常有效的措施。所以在这里告诉大家，我们国家目前的粮食供应比较安全，大家完全没必要过分担心。

但是粮食问题是涉及从生产、流通、储运、进出口，到对低收入人群的补贴等各个方面的一个综合问题，粮食供应比较安全不是说就绝对没问题，其实这中间还是有很多隐忧的。比如我国有些地区出现的农田撂荒现象。

以农业大省四川的南江县为例，2007年底，全县耕地撂荒17939亩，占耕地总面积的4.24%，涉及农户8902户，全县季节性撂荒耕地达37453亩。而且根据调查，农村土地撂荒面积还在与日俱增。看起来好像我国农民历来对土地的深厚感情在慢慢消退，其实这是一个很好解释的问题。没有无缘无故的爱，也没有无缘无故的恨。以前农村之所以对土地怀有感情，是因为土地是他们的生产之根本，土地带来的收益能维持他们的生存。现在呢？

农业效益低，种地不赚钱，远远比不上外出打工。土地对农民生存的必要性已经大大降低，甚至成了“鸡肋”。尤其是在生产资料价格上涨，化肥、种子、农药都上涨的情况下，种地确确实实没什么吸引力。比如在2008年我国夏粮的产量一共有2400亿斤，河南就占到600亿斤，是大丰收，但是农民的收入相对来说却变少了。即使提高收购价格，从原来的0.72元涨到了0.77元，一亩地出1000斤夏粮小麦，也才770块钱，但是扣除涨价后化肥、种子、农药的成本，一亩地的收益也就是100多块钱，还真不如去打几天零工呢，甚至去要饭都比这个强。

说到这儿，我们有必要来谈谈标题中的问题了：我国可以靠市场解决粮食问题吗？首先我们在这儿要搞清楚这个“市场”是什么？国内市场还是国际市场？

要分析这个问题其实有点复杂，比如如果政府不干预，我国的粮食总体上会进口还是出口？这两种情况就会产生两种不同的结果，大致我们可以认为，如果是总体出口，我们就位于比较主动的位置；如果是总体进口，我们就比较被动。那么我们不妨来假设：我们的粮食有相当一部分需要从国际市场上进口。而就目前这种背景来看，这个情况出现的概率还是很大的，因为即使我们目前在粮食这个战线上“严防死守”，我们还是需要从国外进口一部分粮食来满足我们的需求。

那么政府一旦放开，按“市场经济”的“原则”办，我们国内生产无法满足的那一部分需求由谁来满足？国际市场？每年全球粮食交易量才2亿多吨，而中国每年粮食需求为5亿吨。中国如果缺粮，即使只缺20%，那么我们对粮食进口的需求将要达到目前全球粮食交易量的一半！你让谁来卖给我们粮食？难道让其他所有国家光为中国生产粮食吗？其他那些需要粮食进口的国家吃什么？

我们知道粮食的需求是非常缺乏弹性的，供需之间稍微有一点不平衡就会导致价格的大幅度波动。所以从国际市场大量进口粮食的结果极有可能是粮价飞涨，那么受影响最大的就是那些吃低保的，低收入的社会弱势群体，他们会吃不饱饭。吃不饱饭会干什么？你能保证他们一定比我们的非洲大兄弟有更高的觉悟？宁肯饿死，也绝不闹事，绝不给党和政府添麻烦？这是涉及社会安定团结、长治久安的大问题。粮食不像其他商品，一开动机器就可以在短时间内大量生产出来。粮食从播种到收获，周期至少得好几个月。你不可能对那些饥肠辘辘的人们说："你们再坚持几个月，我马上去种粮食，扩大国内粮食供应，把粮价压下来。"估计粮价还没压下来呢，那些人就已经被生存的压力压趴下了。

其实上面情况还算好的，虽然价格高点，只要你出得起钱，毕竟还能买到粮食。但是实际情况绝不会是这样的。从经济学理论上来讲，完全竞争的市场通过自发调节能使供给和需求达到平衡，这没有错。但是，国际上的粮食交易市场不是完全竞争的啊。几个粮食的出口大国基本上垄断了整个市场的供应，它说不卖就是不卖，你半点脾气都没有。

把十三亿多人的肚子交给外国人保管，不管怎么说都是一件耸人听闻的事情。茅于轼先生说石油比粮食重要。我不否认石油对现代中国的发展的关键作用，但是没有石油，我们顶多就是不发展；而没有粮食，我们就不能生存。你不能说肚子饿了用石油泡了煤炭当泡饭吃吧？

其实本章最开头的故事已经给了我们启示：那些小国家都无法通过市场解决出现的粮食问题，更何况我们泱泱大国？中国人只能靠自己养活自己，这句话是千真万确的。"从来就没有什么救世主，也不靠神仙和皇帝"，你现在想要让外国人充当救世主，这不是天大的笑话吗？

市场经济没有错，经济学理论也没有错，但是它们都是有前提条件的，我们在运用经济学理论的时候必须考虑我们所关心问题的具体背景。盲目地推崇市场经济，迷信市场的力量，那是要出大笑话的。虽然茅于轼先生是一个著名的经济学家，但出现这样明显的常识问题，还在媒体上高调亮相，实在是不妥当的。

所以我的结论很简单，中国不能由市场来解决粮食问题，政府在这里的积极介入是必须的，粮食安全问题必须年年讲、月月讲、天天讲。

至于茅于轼所批驳的18亿亩耕地红线，我想倒可能有一点参考价值。因为随着我国整个工业化、城市化进程的加快，一部分农业用地转为非农业用地是一个不可避免的趋势。这是不以我们的意志为转移的，僵硬地划定一个所谓的“红线”也没有什么太大的意义。土地的产出，不是一个固定不变的量，我们的主观能动性在一定的范围内还是可以有所作为的。所以，我们要把更多的精力放在提高单位面积产出和土地利用率上。我们需要的是更加有效更加科学地利用耕地，而不是绝对不再使用，任何事物都是过犹不及的。

当然我这么说的意思不是说可以随便侵占耕地，而是说在必需的时候我们可以而且应该使用一部分耕地，不能让所谓的“红线”束缚我们的思想。毕竟，我们保护耕地一个很重要的目的就是保证粮食产量，保障粮食安全，只要做到了这一点，办事的方式方法还是可以做一定的变通的。

第十二章
从“中国制造”到“中国创造”

大家都知道，这些年来我国的商品是越来越丰富了，我们几乎可以制造所有东西，从纽扣、衬衫、皮鞋到冰箱、彩电、空调、电脑等，我们不但可以满足我们自己的消费需求还大量出口，被称为“制造业大国”。曾有一本由一个美国人所写的《离开中国制造的一年》得到了人们的广泛关注，它从一个方面也说明了我国的商品已经行销全球，“Made in China”随处可见确实是一个事实。

目前，我国已经逐渐形成了以珠江三角洲、长江三角洲、环渤海湾为代表的三大世界级制造基地。制造业的构成大致可以分为3块，17个行业，第一块是轻工业、纺织工业和日用品的制造，第二块主要是资源加工，包括石油化工、橡胶、非金属、金属冶炼，第三块是机械、电子类制造业。

但是如果你去问那些制造业的企业主们他们的境况，应该会有很多人哭丧着脸告诉你，他们的日子很不好过。近些年，中国很多的制造企业纷纷倒闭。甚至社会上曾流传着“温州中小型企业大面积倒闭”的传言，着实吸引了相当的公众注意力，温州——这个中国改革开放历史中活跃的先锋、市场化进程中的草根力量、拥有近30年来最脍炙人口的财富增长故事的城市，再次被聚焦和审视。

俗话说“三人成虎”，无论什么事情，说的人多了似乎就有人信，忽悠永远都是会有市场的。其实这个流言最初的版本是这样的：温州中小企业协会会长周德文在中央台《经济半小时》栏目中表示，温州共有30多万家中小企业，可能有20%左右的企业处于停工或半停工状态。可是一些无良媒体纷纷对此进行再加工和再创作，刻意突出“20%”这个概念，并以“倒闭”替换“停工或半停工”。对于这种偷换概念吸引眼球增加销量和点击率的做法，真的是很无聊，但是后来周德文同志还是坐不住了，他正面回应了这种流言：根据温州市经贸局的调查，约8%的企业倒闭，而不是像有些媒体宣传的那么离谱。

不管倒闭企业的比例是多少吧，反正中国制造企业前些年的情况很不妙是不争的事实。我们的制造业的硬伤到底在哪里？如果再来一次危机或动荡，我们的制造业还能挺过来吗？我认为有些事情我们如果再不重视、不去认真做，总有一天中国的制造业要走向毁灭，要在激烈的国际竞争中被击败，甚至被像印度这样的国家所取代。

那么我们的制造业为什么会出现这样的问题呢？我想这还是很多因素综合作用的结果，因为我们最近这些年经历的经济大环境实在过于特殊了，前面我也已经谈到过，基本上该来的不该来的都凑合到一块儿了，乍一看很容易把人搞迷糊。

首先是因为2007年中国实在太热，到处都热，迫使政府进行了严厉的宏观调控，银根被紧缩。这一个紧缩不要紧，什么东西都被卡死了，固然冻结了部分想去楼市股市的资金，但同时也让中小企业更难得到贷款。前面我们已经谈到过中小企业融资本身就相当不容易，这下更是雪上加霜，成了没娘的孩子了。企业更加依赖民间拆借，融资成本大大上升了。而且原材料的涨价，《劳动合同法》的实施（使得雇佣劳动力的成本提高），人民币升值，环保、节能减排政策的落实等一系列事件，都使得制造业的成本不断攀升，这使得本来就已经非常微薄的利润再次被挤压。

同时，我国那些制造业集中的区域一般都位于东部沿海地区，而那些地方的要素资源——土地、能源短缺，这也导致了企业成本的急剧上升。我国的制造业又大都实行“低成本、低价格”的竞争策略，靠量的扩张而非质的提升来进行恶性竞争，利润率被压得非常低。一旦外部宏观环境稍一改变马上就扛不住了，大家一起走向“同归于尽”。

以上是国内的因素，还有一些原因则来自国外。金融危机、经济低迷造成了外贸订单的直线下降。本来非常注重信用的老外，也开始说话不算数了，频频违约——这也是很自然的，人家自己都快活不下去了，还怎么能有信用？

信用很重要，但信用不能当饭吃，看来关键的时候老外的信用也靠不住啊！老外日子不好过了，自然惹是生非的劲头也更足了，我国制造业的出口发生贸易争端的情况越来越频繁。

所有这些因素固然是客观存在的，但我们仍然要问：为什么有的企业能在这样的不利环境下逆势成长，而我国的大部分制造业企业却都遇到了不同情况的经营困难呢？我们的制造业怎样才能提高自身抗风险能力呢？

关于这个问题，身为媒体焦点人物的郎咸平先生有过自己的鸿篇大论。我也曾经拜读过其这方面的言论和书籍，下面这一段节选自其《产业链阴谋》这本书：

小链接：什么是所谓的产业链6+1?

实际上，任何行业的产业链，除了加工制造，还有六大环节：产品设计，原料采购，物流运输，订单处理，批发经营，终端零售。正是这六大环节创造出了九美金的价值，而这六大环节就是整条产业链里面最有价值、能够创造出最多盈余的一环。不过在现在的全球竞争格局下，这些环节中最关键最赚钱的环节，几乎都不是我们中国企业所控制的；少数中国企业意识到了，继而取得了巨大的成功，但是可悲的是，大多数中国企业和中国企业家还没有觉醒！

那些没有觉醒的大多数在国际分工之下，被分派到哪一个环节了呢？事实上，都被分到附加值最低的，浪费资源的，破坏环境的，不得不剥削劳动的——制造环节。而其他有价值的环节基本上全部掌握在欧美各国的手中。也就是说，当我们破坏环境、浪费资源、剥削劳动创造出一块钱血淋淋的产品之后，我们同时就替美国创造出九倍的价值。当我们创造出一万美元的价值之后，我们就同时替美国创造出九万美元的价值。因此中国越制造，美国越富裕。

2008年，英国的《金融时报》刊登了一个预测：由于美国经济的走弱，中国将于2009年超过美国，成为全球最大的制造国。2007年，随着制造业的GDP增加值达到13000亿美元，中国已然承担起了“世界工厂”的角色。然而郎咸平先生在博客上发表文章，认为中国根本不是制造业大国。他的依据就是上面提到的“产业链6+1”，他认为制造业不是一个点，而是一条链，我们只是掌握了其中的最低端、最没有利润的制造环节。对此，郎咸平先生开出的药方是，中国的制造业现在必须从那个“1”转向“6”，转向整个产业链的竞争，只有这样中国的制造业才有活路，而且他对中国制造业的前景表示悲观。

我拜读过不少郎先生的著作，虽然就我个人来说，对其很多观点不敢苟同，但是他的“产业链6+1”的论断我以为还是比较有启发意义的。我国今后要真正成为全球的制造业强国，必须整合产业链，变制造环节的竞争为整个产业链的竞争，这一点我认为是毫无疑义的。然而，郎先生提出这一点应该是我国制造业的远景，在近期，甚至对近十几年而言，我们还没有能力做到那一步，我估计这也是郎先生悲观情绪的由来。但是，我们短时间内做不到这一点就一定意味着我们的制造业没戏吗？我们是不是在现有的条件下还可以做一些工作呢？

我想答案是明显的。首先，我们在这里要抓住最为关键的一点，那就是为什么我们的制造企业抗风险能力比较差？这里最关键的一点就是利润率低。如果我们的制造企业能把利润率提上去，那么即使有什么风吹草动，也不会出现像之前那样的倒闭潮。所以，目前想拯救我们的制造业，特别是制造型的中小企业，其实非常简单，就是千方百计提高利润率。大家可能会说了，你动动嘴皮子倒是简单，那么怎么提高利润率呢？

确实，这个说起来简单，做起来未必容易。这个可以从两方面来入手，一个是政府，另一个就是企业自身。从政府方面来说，它能做的仅仅是最笨拙、最没有技术含量的举措，比如提高出口退税率啊、提供各项优惠政策啊，等等，这些确实有立竿见影的作用——其实也就跟向企业发钞票差不多，但是这些东西是不能持续的，所以它只能解燃眉之急。

于是，这个难题最后就又被抛给了我们的企业。那么企业能做什么呢？要解决这个问题，我们要再来谈谈商品的定价问题。商品的价格实际上是怎么决定的？我们前面已经谈到过了，任何商品的价格说到底都是由供给和需求两方面所决定的。需求方面来自消费者，我们暂时不考虑。那么供给方面呢？

大家应该很容易就能想明白，如果一个市场只有一个供应商，那么这个供应商就完全能从自身利润最大化来决定商品的价格，这就是所谓的垄断，而一般垄断者都能获得高额的利润。垄断自然是一个比较理想的情况，但即使我们做不到垄断也没关系，只要我们能在整个市场占有较大的份额，我们就能拥有较大的定价权，就可能实现更高的利润率。那么我们的商品在整个市场（世界市场）上占的份额有多少呢？

看到下面的数字，我估计大伙都会感到很欣慰。比如在2010年前后，我们的电风扇、节能灯等商品的份额占到了世界的90%以上，显示器、自行车等都占到了世界市场的85%以上。事实上，根据全球行业咨询机构TDC的统计，全球75%的玩具产于中国，而服装、礼品、电子等消费品领域，中国也是绝对值超过50%的出口大国。那么从这个角度看，似乎我们应该能够掌握定价的主动权把成本的上升转嫁出去啊，为什么实际情况并非如此呢？

关于这个问题，郎先生曾有过一番论断，我认为讲得比较通俗明白，所以把大致意思引用过来：比如说有三家企业，ABC。今年A得到的外商订单是100台，B是100台，C是200台。到第二年，外商又来了，他给A的订单加一倍，B也加一倍，C呢，说你开价那么贵，你看看人家A、B多便宜啊，所以我不给你那么多订单了，给你降到100台。A和B这个时候当然高兴喽，自己的订单多了一倍，看来今天就等着数钞票了，于是A跟B一起激动起来，把产能从100台扩大到200台，赶紧生产啊，不然完不成订单任务啊，似乎一切都欣欣向荣。但是，产能这个东西不是像我们企业的财务报表一样可以随便改来改去的，它代表的是实实在在投下去的固定资产，不是说降下来就能降下来的。所以，C还是200台的产能，于是加起来变成多少了呢？200，200，200，变成600台的产能。外商又来了，说我现在只需要300了，你们怎么办呢？那就只有相互砍价了。在这种情况下，你能够不死，能够维持成本，就已经谢天谢地了，还想抬价？别胡思乱想了，赶紧洗洗睡吧。那么大家到这儿也应该能看出来了，最后的结果肯定是价格被压低到某些厂家承受不了，退出这个市场竞争，而留下的厂家也都是那种半死不活的。

估计大伙儿在这儿肯定很气愤，老外净耍这些手段欺负我们中国人，而郎咸平先生作为专业人士自然也总结得比较专业：这就是你自己不掌握销售渠道，埋头做制造的恶果。其实，老外有老外的伎俩，我们也有我们的绝招，只是我们自己没用好罢了。

我国企业的最大问题之一就是内斗，这似乎也是我们中国人的“优良”传统了，都说一个中国人是一条龙，三个中国人就成了一条虫，这实在值得我们好好反思。现在我们很多产品都占到了全球的50%以上的份额，如果我们团结起来，就应该能掌握国际定价权，即使没能掌握定价权，至少也能增加讨价还价的筹码。我们其实已经具备了这个条件，但是没有使用、没有充分利用。

这种做法在经济学中有一个不太好听的名字，叫作“厂商的勾结行为”，话糙理不糙，它的实质就是“团结就是力量”，一根筷子易折断，一把筷子就不易折断，这是咱们的老祖宗老早就总结出来的道理。但是要让我们的企业抱成团和外商作战，其中还有一个非常大的难度，这来自一个大名鼎鼎的博弈论的范例——囚徒困境。下面我就先给大家介绍一下这个在经济学和博弈论中都非常经典的案例。内容是这样的：

警方以谋杀与非法持有枪械的罪名逮捕了两个人犯，警方可以轻易地证明这两个人违反了枪械法，但是没有确切的证据证明他们犯了谋杀罪。如果两个人都招供，则他们都会被判处无期徒刑；如果一个人招供另一个人保持缄默，则招供的人将会被释放，缄默的人会被判处死刑；如果两个都保持缄默，由于缺乏证据，两人都只需要被判处一年有期徒刑。那么，显然两人都保持缄默是最好的结果。但是，从每一个人自身角度来考虑，无论对方的选择怎么样，招供对自己而言都是一个“占优”的选择。所以最后的结果往往就是最坏的结果：两人都招供，都被判处无期徒刑。这就是所谓的各人都采取对自己最优的选择而导致整体更坏的结果。

这样的情形同样出现在我国的制造企业中。如果大家联合起来都提高价格，那么对大家都有利，外商不得不接受这样的价格；如果大家都打“价格战”，最后将没有一个胜利者，被外商占便宜；但是如果其他厂家都出高价，只有你开出低价，那么就能获得更多的订单，取得更大的利益。正是在这种“囚徒困境”下，各个厂商都采取对自己有利的选择导致了整体受损，受制于外商。所以，要让广大中国制造企业联合起来，实在不是一件容易的事情，这显然是一个技术工种，要靠我们广大企业的智慧和定力。那么除了这个还有没有其他办法来获得定价权，进而获得更高的利润率呢？答案是肯定的。

那就是创新，我们要做到人无我有，人有我优，我想这个才是最根本的。所谓创新就是我们的商品要具有差异化，和别人的不一样。一旦我们的商品和别人的有了差异，我们面临的市场需求就和别人的不一样了，相当于我们又创造分割出了另一个市场，而在这个市场中，我们就是唯一的供应商。“此山是我开，此树是我栽，要想从此过，留下买路财。”这样我们企业的日子就大大好过了。比如，大米是几乎没有差异的商品，所以你很难提高价格；而手机就是一个典型的差异化的商品。以iPhone为例，它就是通过创新和差异化，把自己和其他手机产品分开，使消费者认识到，iPhone的体验就是和其他手机不一样，就是潮流，所以愿意支付相对更高的价格。这种差异化的战略使对手只能模仿、追赶，却始终很难超越。所以，我认为只要iPhone有这样的创新精神和差异化的产品，即使它不控制销售渠道，即使它不控制原料采购、物流运输，它照样可以在行业里笑傲群雄，光卖产品就能保证它数钱数到手抽筋。

所以说，产业链固然是重要的，但是在我们的大多数企业暂时还没有能力把其他五个方面都做好的情况下，我们当务之急是不是应该集中精力搞好创新，搞好产品的设计和制造这两个环节？我们是不是应该逐渐从“中国制造”走向“中国创造”？

可能有人会说，你讲得到轻巧，创新有那么容易吗？可能那些较大型的企业相对来说容易一点，那么那些中小企业，甚至小作坊呢？我国企业的创新能力不强，技术水平不高也确实是一个事实。据相关资料显示，我国在核心技术、关键技术上对外依存度高达50%，高端产品开发70%技术要靠外援技术，重要的零部件80%需要进口，一些关键的芯片甚至100%需要进口。

这些固然是严峻的事实，但是无论这个转变有多么困难，我们必须要从现在开始转变，“穷则思变”，现在已经快到“穷尽”的地步了。而其实，创新是一种精神、一种信念，有时候和技术、产品、企业的规模并没有什么直接的联系。像意大利，它主要依靠的就是那些很多人看不起的中小企业，但是他们照样有很强的竞争力。为什么？就是因为创新。

一些内部的小的改进，甚至外观的重新设计，都是一种创新，只要这些是从消费者的角度考虑而作出的改进，必然能获得成功，提高产品的竞争力。而且，搞工程的人往往会发现，有时候一些所谓的创新设计、创新发明、创新产品，其内部蕴含的技术往往并不特别高明、特别先进，它们只是在合适的地方用到了合适的技术，它们就胜在那些“idea”。

所以，从这个角度看，我们的企业固然掌握的技术不是很先进，但是在创新这个领域还是大有可为的。可惜的是，目前我们的大多数企业还停留在跟风的阶段，模仿的阶段。如果这种情况再不改变，那我们的制造业面临的局面就真的相当危险，我也不知道它的出路到底会在哪里了。

现在有一个很流行的词，叫“产业升级”，似乎产业也有高级低级之分，我看产业其实只有传统产业和新兴产业之分，而这个区分仅仅是时间上的区分，和高下无关。现在老有人瞧不起传统产业，说中国要成为制造业强国就要生产“高级”的东西。我们自然要生产高档的商品，但同时我们也要生产“低档”的商品，我们还有好多农村的劳动力要转移出来，我们还要解决严峻的就业问题。人们一说起我们大量生产的纽扣、袜子、衬衫，似乎就抬不起头来。

其实大可不必。只要你能不断做好创新，不断做好产品设计，并保护好自己的创新成果，做到不断贴近消费者，不断降低生产成本，不断提高利润率，这就是所谓的产品的竞争力。没有“低级”的产业，只有不赚钱的产业。要在传统产业里面做大做强，要使某些国家无法模仿，要让那些高傲的洋人还得巴巴地跑到中国来买优质的产品，我们就必须树立并保持创新的精神。

从制造不断走向设计，不断向上下游渗透，最终才能掌握整个产业链，如果你连设计和制造都做不好，谈其他就更无异于痴人说梦了。要是真能做到从“中国制造”走向“中国创造”，我们即使再生产几十年衬衫又有何妨？

第四部分

投资的逻辑

第十三章 中国人未来的财富之路

随着我国经济的发展，人们的生活水平也在不断提高，人们的收入更是与几十年前不可同日而语，想当年一个万元户就了不得了，现在你要这么去炫耀，人们都懒得鄙视你。虽然老百姓的口袋越来越鼓了，但是我感觉咱们很多人对财富的认识还停留在“古老”的阶段。中国人未来的财富之路在哪里？我想这个问题值得我们认真探讨。

我们中国人的勤劳估计没有什么人质疑，这可能也导致了大多数传统的中国人认为只有那些经过自己辛辛苦苦工作赚来的钱才是“正当”“理直气壮”的，花起来比较安心。而对那些经过“投资”途径比较“容易”获得的财富，总感觉心里不踏实，认为这些是不可靠的、碰运气的、“预算”外的，最终自己还是要依靠那些工作获得的报酬。我要在此大声疾呼：这种思想是完全错误的！

其实我们的收入可以分为工资性收入（工资等）、转移性收入（养老金等）、经营性收入（商业买卖收入等）、财产性收入。这里的财产性收入指的是“通过资本、技术和管理等要素与社会生产和生活活动所产生的收入”，说得通俗一点就是，通过你拥有的银行存款、股票、基金、房屋、黄金、古董等财产而产生的收入，它包括利息、红利、租金、财产增值转让等方式获得的收入。其实也就是我们一般所说的“投资”产生的收益。

我们中国人的工资性收入占绝对优势，大概将近70%，而财产性收入只占2%左右，这个比例与西方国家差别巨大，它们的财产性收入已然成为了一般居民的最重要的收入。确实，增加财产性收入对于大力提高居民的收入水平意义重大，所以我们政府也一直不遗余力地鼓励增加居民财产性收入，我也认为这是一条正确的财富之路。

“财产性收入”这个词还是有点脱离群众，现在大家讲投资、讲理财，其实差不多一个意思。令人欣慰的是，现在投资理财在社会上越来越热了，大家都逐渐认识到它的重要性了。为什么投资理财如此重要呢？

在现在的社会，人们对财富的需求急剧增加，家庭的经济负担越来越重了，特别是为人父母的中年人，“上有八十岁老母需要养活，下有三岁孩童嗷嗷待哺”，还要买房买车，还要防着生病，还想着空闲的时间去旅游，退休以后还期望一种富足的生活，这些都需要花钱啊！可是工资就那么一点，苦熬着等待涨工资等到花儿都谢了，工资的上涨幅度似乎永远也跟不上物价的上涨幅度，越混越穷。对年轻人来说，更似乎是永无出头之日，特别是买房，动辄上百万，光靠工资收入，这辈子的房奴身份算是没跑了。

财富的积累是一个长期的过程，而正确的投资理财方法可以大大加快这个过程，从少到多，从无到有，实现财富的保值增值。我们可以从下面一个真实的故事来体验投资理财有多么重要：

小链接：

胡适先生是我国著名的学者、外交家、教育家，27岁就担任北京大学的教授，月薪达280银元，相当于2010年时候的11000多元——这绝对是高收入人群了，而且除此之外，他还有版税和优厚的稿酬。胡适先生虽然才高八斗，但是不会理财，财商不高，有钱的时候，他雇了6个用人，经常是吃喝干净。1937年抗日战争爆发，胡先生收入大减，由于没有什么积蓄，又没有养成良好的投资理财习惯，中年后的胡先生长期处于拮据状态，且持续终生。

可能有人认为投资理财只是富人的专利，咱们穷人哪有财可理啊？其实不然。事实上，只要你有收入，有现金流，就需要理财，关键不是钱多少，而是你的理财意识有多强烈。

人在旅途，不可避免会遇到各种风险，衰老、生病、失业、意外伤害等，当这种不幸到来的时候，正确的投资理财方式能够保证你度过这类人生的寒冬。芸芸众生，所谓真正的有钱人毕竟是少数，中产阶层、工薪族、中下阶层仍占绝大多数，而好的理财方式甚至有可能让你从穷人逐渐变成富人。

如果你能从每月薪水中拿出500元，在银行开立一个零存整取的账户，按照零存整取五年期4.14%的年利率，20年后本息合计将超过20万，可见“滴水成河”的威力。再比如，一个刚毕业的大学生如果能每年积蓄1.4万元，如此持续40年，并且将他每年存下的钱用做投资，以年均20%（看上去很高，但通过学习投资理财方法，我相信相当一部分人能达到这个水平）的投资收益率计算，他能积蓄起1.0281亿元的财富——这是一个令大多数人难以想象的数字，然而它确实是可能的，亿万富翁居然可以这么炼成！

那么我们究竟应该怎样开始投资理财呢？我想在这里先申明几个原则。

首先你要有正确的投资理财态度和思维方式，我们必须明白理财绝不是一夜暴富，它是一个长期坚持的过程，需要时间和耐心。理财也不是要我们省吃俭用，“新三年，旧三年，缝缝补补又三年”，而是在保证日常正常开支后，进行投资，让我们手中的钱获得收益，是一种乐观向上、着眼于未来的消费态度和投资的思维习惯。

其次，你要有恰当的生活目标，明确自己到底想要什么，什么时候结婚，什么时候生孩子，什么时候买房子，什么时候退休等。一旦目标确定了，就有了明确的前进方向，投资也就有了强大的动力。

现代社会，什么都得趁早，投资理财也一样。1626年，荷兰人从印第安人手里买下曼哈顿岛的时候只花了60荷兰盾，约合24美元。如今，这个美丽的岛屿价值超过50万亿美元！货币是有时间价值的，随着时间推移，能获得巨大的增值。再比如你要为孩子筹备出国留学的学费，大概120万元人民币。如果你从孩子一出生就开始规划，孩子18年后出国学习，假定你的理财产品的投资收益率为12%，你每个月只需要投资1583元；如果在孩子6岁的时候才开始做，同样的收益率，你每个月要存3761元；而等他12岁的时候再开始投资理财的话，你每个月得存11460元。可见，投资理财越早，未来越轻松。

再次就是要合理配置资产，这个听上去很专业，其实道理很简单。比如，我们可以根据自己的实际情况，把钱分成三部分：一部作为应急，用于突然的疾病或失业，这可以是银行的活期存款；一部分用于保持自己的生活质量，可以作为今后几年的日常生活开支，所以要能保证只赚不赔，可以是低风险的定期存款、国债或者货币市场基金；还有一部分可以用于相对高风险的投资，追求高回报，可以是基金、股票、外汇甚至期货。这样的一种资产配置，比较适合大部分人的情况，既有稳妥性，又能获得比较高的收益，即使市场大环境出现偶然波动，也不至于影响日常生活。

最后，最重要的一点就是：绝不要为了投资理财而无限降低自己的生活质量。有些人为了所谓的“投资”，天天吃咸菜，不敢吃肉，这就比较可笑了，因为他把目的和手段搞混了。我们投资理财就是为了追求一种更高质量的生活，投资理财是手段而不是目的。理财是一门科学，我们必须以理性的态度对待，不必把钱看得太重，不要因为钱影响正常生活。富足的生活是“理”出来的，而不是“省”出来的。

那么下面就让我们分别来看看都有哪些投资理财产品可供我们选择，它们的特点分别是什么，可以满足我们哪种需求。

1.储蓄

第一个要提到的自然是储蓄，它可谓是最稳妥、最传统的理财方式，是初级理财的首选，对绝大多数中国人来讲，它甚至是唯一的理财方式，它的一个最大特点就是安全。通晓储蓄的方法和技巧，我们可以安坐在家中让钱生钱；但如果你随意地把闲置资金存入银行，在通货膨胀的时期，钱却会在银行金库里日渐贬值，实在是不划算。

虽然我们似乎对储蓄已经很熟悉了，但是大多数人的层次还停留在“储蓄”的阶段，而不是“理财”——这两者的区别大着呢！从投资理财角度讲，我们应该使储蓄在保证存取方便的同时，享受到最高的利息回报。

储蓄投资可以分为活期、存本取息、整存整取、零存整取、通知存款等不同种类，每一个储种的要求不同，流动性不同，利率的差别也比较大。我们应该根据自身的条件和需要，进行仔细的计算比较以选择适合的储蓄种类。总的来说，定期比活期好，长期比短期好，当然这是在满足自身的提现要求的前提下；另外，滚动式储蓄既方便又可以提高收益，你可以将储蓄资金分成几等分，在不同的时间点存入相同期限的定期，这样每过一段时间都会有一笔定期存款到期，可供随意提取，假如暂时不需要使用这笔到期的存款，又可以将其与其他资金一起转存为一笔数量更大的定期，这样我们既可以应付那些临时需要的大开支，又不会因为存定期提前支取减少自己的利息收入。

2.保险

俗话说“天有不测风云，人有旦夕祸福”，保险正是为了防范不测，而将经济风险转移出去，给自己以有效保障的一种手段，其实它也是一种投资手段。甚至连赫鲁晓夫都讲过这么一句经典的话：“资本主义好个屁，不过那个保险确实不错！”

保险是指投保人根据合同，向保险人（保险公司）支付保险费，保险公司对于合同约定的可能发生的事故承担赔偿保险金的责任。保险其实是一种风险的转嫁，能够大大稳定我们的预期，方便我们做更好、更准确的规划。

未雨绸缪就是保险的真谛。如果我们一生平安，购买了保险，至少也享受到了心灵的安定，经济有了保障，就不用过于担心祸患不期而至了。其实人人都需要保险，没有买的人，不妨去多了解一下，保险是没什么坏处的；即使你已经买了，也应该检视一下，保障是不是够、是不是全？不要等意外发生后，再去后悔莫及。

3.基金

这几年，基金搞得挺红火，那么到底什么叫基金呢?

假如你有一笔钱想投资债券、股票等证券进行增值，但自己既缺乏时间、精力，又没有专业知识，而且钱也不多，就想与其他人一起合伙出资，雇一个“投资高手”，操作大家合出的资金进行投资增值——当然是要付给“投资高手”一定的劳务费的。在这里，那个“投资高手”就是所谓的基金经理，你们按出资额的比例分别拥有这个基金的不同份数。基金的收益是指基金管理人运用基金资产进行证券投资而获得的基金资产的增值部分，主要包括基金投资所得的红利、股息、债券利息、买卖证券价差、存款利息等。基金的净收益就是基金收益减去按照国家规定可以在基金收益中扣除的费用后的余额。

基金有不同的品种，按照风险的依次递减分别有以下几种：

积极成长型基金：以获得最大收益为目标，一般投资价格波动大的个股，最具冒险和进取性，高风险和高收益并存，比较适合冒险型的投资者；**成长型基金**：以追求长期稳定增值为目的，其投资的产品以具有长期资本增值潜力、素质优良、知名度高的大型绩优股为主；**价值型基金**：以追求价格被低估、市盈率较低的个股为主要策略，希望能够发现那些暂时不受市场重视、价格低于价值的个股；**平衡型基金**：以兼顾长期资本以及稳定收益为目标，通常是一部分投资于固定收益产品，如债券，以获得稳定利息收益来控制风险，其他部分投资于股票，来追求较高收益，这种基金风险和收益适中，适合稳健、保守的投资人；**保本型基金**：以保证资本金为目标，结合低风险的收益型金融工具和较具风险的股票进行组合投资，适合非常保守的投资人。

我们应该根据自身的风险偏好来谨慎选择不同的基金产品，要尽量避免短期内频繁申购、赎回（那是要有手续费损失的），同时我们要分散投资，切忌把所有鸡蛋放在一个篮子里。

4.股票

关于股票，我们前面已经讲得很多了，现在入市的股民也如过江之鲫。可以获得巨大收益的股票确实是一种迷人的投资工具，但是要始终明确，收益与风险并存，入市须谨慎！

对于咱们普通老百姓，做股票要记住以下几点：不要盲目做短期，而是要坚持价值投资理念，做长期来分享整体经济成长的成果；挑最有肉的那一段吃，不要总想着在最低价买入，最高价卖出，能在一个上升通道中虎口拔牙得到一块肉就已经很不错了，切忌贪得无厌！

5.固定资产

固定资产投资一直以风险低、增值快、回报高的传统优势成为“广大人民群众所喜闻乐见的一种投资活动”，这里的固定资产投资主要指的是房产投资。这种投资对于起点的资金量要求较高，而且虽然目前看来我国的房产价格一直在疯长，但也不是没有风险，所以投资的时候必须要谨慎，这个世界上没有只赚不赔的买卖。

房产投资中最重要的就是把握好合适的买入时间，很多情况下，买入的时候其实就已经决定了输赢。最好的投资时机一般是在经济的低潮，这个时候买房比较划算。因为人们普遍都是“买涨不买跌”，跌的时候谁都怕损失而不敢投资，其实我们正好趁机逆流而上；涨的时候大家一拥而上，则是出手的好时机。

这里有几个常见的误区：一是不明确自身的投资实力，有些人本来自己没多少米，就敢开几千人的灶，贷款投资房产——这是典型的玩火和赌博；二是所谓的房价不可能跌的观点，即使从长期来说房价看涨，但短中期的波动不可避免，你要考虑自己能否承受这种波动；还有一个就是不考虑机会成本，有人天真地认为买价比卖价低就是赚钱了，其实你应该算一算，如果把投资房产的钱投资于其他地方，哪个赚得更多?

6.外汇

外汇即国际汇兑的简称，是指外国货币或以外国货币表示的能用于国际结算的支付手段或者资产，包括支付凭证、信用票据、外汇现钞以及有价证券等。

股票市场上，某种股票或整个股市上升或下降，那么某种股票的价值或整个股票市场的股票价值都会上升或下降。而在外汇市场上，汇价的波动所表示的含义与股票价格波动完全不一样。因为汇率是两国货币交换的比率，一种货币价值的减少就意味着另一种货币价值的增加。总的来看，无论怎样变化，既不增加价值，也不减少价值，所以是一种“零和游戏”，也就是财富的转移。

近年来，越来越多的资金投入到外汇市场，汇价波动日渐增大，使得财富转移的规模也越来越大，速度越来越快。外汇投资，不论涨跌，都可以获利，风险比较容易控制；它的投资信息全球公开，完全透明；交易时间非常灵活，我们可以随时操作；利用外汇投资的杠杆作用，还可以以小博大。总之，外汇市场可以称为世界上规模最大、交易最公平、流通最迅速的金融市场。但是目前对大多数中国人而言还比较陌生，人们需要对此有更多的了解。

7.黄金

黄金属于贵金属的一种，其价值含量比较高，自古以来就是保值增值的有效工具，民间向来就有“藏金于民”的风气。近年来，黄金投资不菲的收益率让不少人对它刮目相看，逐渐成为更多的人投资理财的备选产品，古老的黄金重新焕发了“第二春”。

但是古时候那种把黄金捂在枕头底下秘密藏金的方式实在太“土”，现在可以投资的黄金产品非常丰富，有纸黄金、实物黄金、黄金期权等。纸黄金是指投资者按报价，在账面上买卖“虚拟黄金”获取差价的一种投资方式；实物黄金是指个人购买金块、金条等实物的投资方式；黄金期权是指购买将来能以一定价格获得一定数量黄金的权利。投资者可以根据自己的投资策略选择黄金产品，如进行短线投资，则纸黄金比较合适。我们要进行黄金投资，就必须有一点经济头脑，要能找对合适的时机，如果预测各个国家大量释放流动性，预期货币贬值的话，那么黄金的总体升值趋势就不会改变，那就是投资黄金的好时机。

以上我们谈到了几种投资理财的方式，其实除此之外还有很多其他方式，比如信托、期货、国债、古董等。在这么多投资途径中，我们应该根据自己的知识能力水平、对投资产品的熟悉程度、风险与收益的预期等因素，来综合考虑投资哪些产品。如果大家都能选好适合自己的投资方式，那么未来我们中国人积累财富将会变得越来越轻松。

第十四章
“泡沫”之争

每开始新的一章，一般我们都会针对某一个话题描述一些现象，提供一些相关的经济学理论和知识，并运用这些理论和知识对相关问题进行分析和解释，最终得出一定的结论。这样做虽然是一个标准的且相对轻松的程式，对大家的经济学素养的形成有一定好处。但是经过前面这么多章节的内容，大家可能还是会感觉比较累，所以在这一章我们来点轻松的形式——主要就是给大家讲几个故事，大家就当看《故事会》吧。那么为什么偏偏选这章呢？

因为这章我们谈有关“泡沫”的问题。虽然现在很多人都在说“泡沫”，说股市有“泡沫”，楼市有“泡沫”，似乎只要哪儿的价格有点高，那儿就有“泡沫”。但是“泡沫”究竟是什么？怎样界定有没有“泡沫”？如果有，“泡沫”到底有多大？这些最基本的东西到现在为止都没怎么弄明白，大家争来争去，最终也没有一个比较公认的结论。由于这一部分通过一般的方式很难讲明白，所以就先跟大家分享几则有关“泡沫”的故事吧，相信看完了这些故事，你对“泡沫”会有自己的理解——而且几乎没人能说你错，因为其他人也搞不明白什么东西是对的。

首先就来跟大家聊聊一个公认的历史上有记载的首次“泡沫”事件，这个故事发生在17世纪的荷兰。

一提到荷兰，许多人会立刻想到郁金香，它是荷兰的国花。全世界每年郁金香产量的65%都来自这个土地面积只有四万多平方公里，并且四分之一的土地在海平面以下的小国家。荷兰每年培育的郁金香球茎有30亿个，如果把它们排列起来能够围绕赤道7圈。然而历史上郁金香却给荷兰人带来过一场惨痛的经济灾难，当然造成这一切的其实不过是人们心中无法克制的贪婪和欲望。

其实郁金香并不原产自荷兰，它的故乡在亚洲的小亚细亚半岛。1593年，一个人将一些郁金香鳞茎带到了荷兰。第二年春天，荷兰第一朵郁金香开放时惊艳整个荷兰，于是郁金香就在荷兰流传开来了，具有浓郁外国情调的郁金香成为荷兰花园里人见人爱的花卉品种。很快，对郁金香的热爱和追逐就作为一种时尚，流传到德国、法国等其他一些欧洲国家，成为贵族和商人们奢华生活的一部分。

在崇尚浮华和奢侈的法国，很多达官显贵家里都有郁金香，作为观赏品和奢侈品向外人炫耀。当时，巴黎的时尚女子上街，如果能有一朵郁金香作为装饰，便会觉得身价百倍。由于郁金香被引种到欧洲的时间很短，数量非常有限，因此价格也极其昂贵。在17世纪初的法国，据说有人竟然用价值3万法郎的珠宝去换取一只郁金香球茎。不过荷兰人对郁金香的热爱更如痴如狂。有个老板公开表示，愿意用他的酿酒厂换一支罕见的郁金香。在阿姆斯特丹有栋非常美丽别致的小石屋，门前墙上刻着："此屋出售，价值三支郁金香。"

就在这样的氛围里，荷兰人对郁金香的倾慕与热忱越来越浓，拥有和种植这种花卉逐渐成为享有极高声誉的象征。这种近乎病态的狂热，很快就吸引了投机者的注意。机敏的投机商开始大量囤积郁金香球茎，并充分利用驾轻就熟的各种手段操纵郁金香市场，导致郁金香价格不断攀升。很快，越来越多的人发现可以从倒卖郁金香的活动中获得暴利，也开始加入到炒作队伍中来。于是，一股难以想象的郁金香投机热情出现了。

就像所有投机泡沫一样，最早参与郁金香投机的人们都从中尝到了甜头，由于价格节节上升，你只需要低买高卖就能一夜暴富。人们前赴后继，一个跟着一个冲进郁金香交易中心，就像一群苍蝇围着蜜罐团团转一样。很多人甚至变卖家产，以便有更多的钱可以投入到郁金香的买卖中。到了1634年，炒作郁金香的狂热席卷整个荷兰，全国上下几乎百业荒废，整个民族都在狂赌。与此同时，欧洲各国的投机商也纷纷云集荷兰，参与这一投机狂潮。由于对郁金香的需求如此之大，在很多城市都开设了固定的郁金香交易场所。

小链接1：

当时，海牙有一个鞋匠培育出了一株罕见的“黑色”郁金香。消息传开后，一位来自哈勒姆的客人登门拜访，求购这株郁金香。最后鞋匠以1500荷兰盾的高价卖给了他。没想到，客人却立即把它摔到地上，用脚将其踩烂。鞋匠惊呆了，客人却轻松地说，他也培育了一株黑郁金香，他之所以购买这株郁金香，只是为了确保自己的花是独一无二的。事实上，为了这个目的，他情愿付出一切代价。他说：5分钟之前，即使你要1万荷兰盾，我也会如数给你。

到1636年，郁金香的价格已经涨到了骇人听闻的水平。1637年2月，一颗“永远的奥古斯都”的售价达到了6700荷兰盾，这一价钱足以买下阿姆斯特丹运河边的一幢豪宅，或者购买27吨奶酪。相对于这种顶级的郁金香，普通郁金香的涨幅更是离谱。1637年1月，1.5磅重的普普通通的“维特克鲁嫩”球茎市价还只有64荷兰盾，但到了2月5日就达到了1668荷兰盾！当时荷兰人的平均年收入只有150荷兰盾。

在1636年至1637年的那个冬天，这股狂热到达巅峰，人们不仅买卖已收获的郁金香球茎，而且还提前买卖1637年将要收获的球茎。球茎的期货市场就此诞生，在期货市场中，球茎在实际货物交割之前不需要实际支付货款，这又进一步加剧了郁金香的投机。结果，郁金香的价格不断创出新高。在很多人眼里，对郁金香的热情会永远持续下去，郁金香的价格永远都不会下跌，而财富则会源源不断地涌向荷兰。无论对郁金香开出多高的天价，人们都毫不犹豫地照单全收，仿佛全世界每一个角落的有钱人都在订购郁金香球茎一样。

到1636年底，任何残存的理性都早已远离了荷兰的郁金香市场。虽然大多数人都知道郁金香球茎的价格早已远离其正常的价值，但是他们宁愿相信别人会比他们更“傻”，会心甘情愿地付出更高的价钱。这个事件被经济学家称为“博傻理论”的最佳案例。可是投机狂潮是不可能永远持续下去的，注定要有人接最后一棒，并最终承担可怕的损失。

郁金香狂热的终结，终于在1637年的2月4日出现了。像往常一样，交易所里挤满了想卖出郁金香球茎的投机者。可是他们突然发现自己的球茎居然无人肯买，即使他们的出价只有原来的四分之一，仍然无人问津。人们的信心被摧毁了，巨大的恐惧抓住每一个交易者的心。郁金香球茎的价格急剧下降，市场迅速崩溃。

尽管泡沫崩溃的日期很清楚，但谁也说不清投机泡沫到底是怎样崩溃的。在此之前，交易在非常顺利地进行着，谁也不知道为什么市场突然就崩溃了。一时间，曾经让无数人趋之若鹜的郁金香却突然成了烫手山芋，无人再敢接手。在期货市场上，卖方的大量抛售使得市场陷入恐慌状态，球茎价格一泻千里，暴跌不止。一星期后，郁金香的价格平均下跌了90%，那些普通品种的郁金香更是几乎一文不值，甚至不如一只洋葱的售价高。

等到人们醒悟过来的时候，一切都为时已晚了。于是，人们纷纷涌向法院，希望能够借助法律的力量，兑现合同，挽回损失。但是，法院即使有心解决也无力回天，你总不能让法院来补偿损失。因为所有人都被套在这个局中，所以没有任何人、任何组织可以解决这个困境，最后只有大家一起走向毁灭。几乎是在一夜之间，无数人成为不名一文的穷光蛋，原先富有的商人变成了乞丐，一些贵族也陷入无法挽救的破产境地。受害者当中既有文化程度颇高的知识分子，也有大字不识一个的文盲，基本上算是连锅端了。贪婪似乎是人的本性，无论贵贱、无论出身，只要你无法控制它，最后就要随着它的泛滥走上不归路。

面对近乎失控的局面，荷兰政府不得不出面解决，然而事实证明，面对那种由全民疯狂所导致的泡沫恶果，政府也是无能为力的，这个苦果只能由全体国民自己吞下。1637年4月27日，荷兰政府决定终止所有合同，禁止投机式的郁金香交易。这一下，人们彻底绝望了！这就是说，最后一点依稀的希望也破灭了。从前那些因为一夜暴富而弹冠相庆的人，如今却又要承受突然降临的一贫如洗，感觉就像是做了一个无法醒来的噩梦。

郁金香事件使举世闻名的阿姆斯特丹交易所受到了沉重的打击，更使荷兰全国的经济陷入一片混乱，加速了荷兰由一个强盛的殖民帝国走向衰落的步伐。从17世纪中叶开始，荷兰在欧洲的地位就受到了英国的有力挑战，欧洲的繁荣中心开始向英吉利海峡彼岸转移。经过这一次泡沫之后，可以说荷兰彻底“萎”了，从此它再也没有达到过以前的荣光。

上面讲到的发生在17世纪的郁金香事件，作为人类历史上第一起大规模投机泡沫事件而被载入史册，虽说不上“彪炳史册”，但影响实在深远。说句调侃一点的话：它极大地丰富了我们的历史，大大增加了历史的可读性。从此，“郁金香狂热”成为了经济泡沫的代名词。按理说，大家经过了这次刻骨铭心的泡沫事件，应该要得到深刻教训来“杜绝此类事件再次发生”了。但是，事实上从古至今，这种泡沫事件从来没有断过，时代在变，国家在变，经济状况在变，泡沫却从来没有变过。下面这个故事发生在千年之交的21世纪，虽然它的主角看上去要比郁金香进步多了，但是它们的本质是一样的。

如果大家记性不错的话，应该还记得在2000年这个特殊的年份，各种“千年浩劫”“人类毁灭”之类的预言曾经一度被热议。不过最后无一例外地证明这些都是无稽之谈，所以那些所谓预言家是和股评家一样的不可信的。不过虽然没有那些玄妙的“浩劫”发生，但是一场由人类自己创造的劫难确实是爆发过，那就是互联网泡沫的“爆炸”。

当年4月，全球互联网产业在持续了一段时间的虚假繁荣后，迎来了可怕的冬天。作为互联网经济晴雨表的纳斯达克指数高台跳水，众多原先打破头都要进入互联网产业的资本，现在却不顾一切地夺路而逃。曾经美丽的网络神话，就像肥皂泡一样瞬间破灭。

毫无疑问，20世纪末的主角是互联网，它就像20世纪六七十年代的电子技术、八十年代的生物技术一样，带给人们无限的希望、无限的想象空间。那么我们先来回顾一下互联网的发展历程。

世界上最早的互联网出现在1969年，美国国防部高级研究计划署为了能在爆发核战争时保障通信联系，资助建立了世界上第一个分组交换试验网ARPANET。从此，计算机网络的发展进入了一个新纪元。1991年，欧洲核子研究中心的科学家蒂姆·伯纳斯-李开发出万维网（World Wide Web）。1993年，伊利诺伊大学美国国家超级计算机应用中心的学生马克·安德里森等人开发出了真正的浏览器“Mosaic”。万维网和Mosaic浏览器的出现，使互联网真正引起了公众注意，此后，互联网开始得以爆炸性普及。

互联网给人们生活带来了巨大的变革，改变了企业的运作规律。互联网缩短了时空距离，大大加快了信息的传递，真正做到了“海内存知己，天涯若比邻”。与此同时，它也给传统产业带来了深刻的变革，催生出了许多在几年前还绝不可能实现的新商业模式。于是，互联网不但迷住了追求新鲜事物的年轻人，也引来了大量的风险基金。大量风险投资受到互联网发展前景的诱惑，纷纷将注意力集中到互联网领域，投资一切与之相关的公司。

小链接2：风险投资

风险投资（venture capital）简称是VC，其实把它翻译成创业投资似乎更为妥当。广义的风险投资泛指一切具有高风险、高潜在收益的投资；狭义的风险投资是指以高新技术为基础，生产与经营技术密集型产品的投资。根据美国全美风险投资协会的定义，风险投资是由职业金融家投入到新兴的、迅速发展的、具有巨大竞争潜力的企业中的一种权益资本。从投资行为的角度来讲，风险投资是把资本投向蕴藏着失败风险的高新技术及其产品的研究开发领域，旨在促使高新技术成果尽快商品化、产业化，以取得高资本收益的一种投资过程。从运作方式来看，是指由专业化人才管理下的投资中介向特别具有潜能的高新技术企业投入风险资本的过程，也是协调风险投资家、技术专家、投资者的关系，利益共享，风险共担的一种投资方式。

简单地说，风险投资就是这么回事：比如你有一个好的项目，风险很高，但是一旦成功就会狠赚了，你想做这个项目苦于缺乏资金。这时候，风险投资公司过来了，说：我看好你的项目，你不是没钱吗？我给你钱，你去做，亏了算我的，你就不用还了；要是项目成功了，赚钱了，分我一杯羹就是了。可能风险投资公司投资的10个项目中失败了9个，但是只要有一个成功了总体上来说它也会有比较高的盈利。

一时间，大量互联网公司仿佛一夜之间就冒了出来。许多雄心勃勃的年轻人都在憧憬着能够拥有自己的“.com”公司。人们把互联网公司的领导誉为“数字精英”，很多著名商学院的MBA都希望投身互联网公司，一些著名投资银行的高层管理人员也离职到互联网公司当CEO。

作为“互联网革命”的领头羊，美国在20世纪90年代后期尝到了信息时代的好处。美国的经济产生了令人鼓舞的新气象，包括振奋人心的高增长和低通胀，进入了一个“非理性繁荣”的年代。经济学家还没来得及充分理解这些不符合经济学“理论”的现象，还在傻呵呵地思考的时候，媒体就开始凑热闹了，“新经济”的概念应运而生。华尔街的分析家们宣称，以计算机和网络为代表的信息技术开辟了世界经济发展史上的新篇章，传统的经济学原理和分析方法已经过时，应该用全新的思维和方法研究新经济。

“新经济”概念一推出，刺激着人们对未来的信心，财富欲望无限膨胀。对新经济美好前景的预期和市场的投机炒作，促使成千上万亿美元资本扎堆到网络科技有关的产业。在号称“以最快的速度制造富翁的场所”的纳斯达克股市，交易活跃，股指一飞冲天。从1998年10月起，纳斯达克指数从1500点扶摇直上，完全无视地球引力的影响，到2000年3月10日，在一片欢呼声中，纳斯达克指数突破5000点大关，创下了5132点的历史最高纪录。

数以千亿计的资金流向网络，众多投资基金的追捧使得泡沫越吹越大。亚马逊、雅虎、电子海湾（Ebay）等网络高科技公司的股价在一年内就上涨10倍。许多互联网公司从创立到公开发行上市只需要一年时间。一家没有任何盈利的互联网公司的股票可以涨到100美元以上，有些公司甚至涨到300多美元。

华尔街的分析家放弃了传统的以公司盈利为基础的股票估值方法，没有人再来计算市盈率（事实上一般说来，那时的互联网公司也没什么盈利）。亏损甚至成为一种光荣，很多人宣称：“没有巨额亏损，就没有巨大的发展。”在资本市场上，新的概念层出不穷，所有的人都在做着一夜暴富的美梦，真正是“同一个世界，同一个梦想”。为了说明互联网公司股价的合理性，分析师发明了新的计算方法，让人不禁感叹：掩耳盗铃实在是人类的传统美德啊！我们看到了完全不同的衡量指标：点击率、页面浏览次数、注册人数等。到后来，人们关心的只是这家公司是不是有什么“故事”可以讲。股价就是在人们自我说服的过程中不断攀升，什么市盈率、市净率，统统给我见鬼去吧！

那些只有短短几年历史的互联网公司凭借资本市场给予的天价，轻松地并购那些上百年历史的老牌巨头，有如探囊取物一般。新毕业的大学生们经常是在一夜之间成为百万富翁，大批毛头小子在几年之中便跻身世界级富翁之列。正如一位足球教练告诉他的队员：“如果你实在不知道往哪里踢球，就往球门里踢吧。”资本市场似乎也在说，如果你不知道往哪里投钱，就随便挑几只“.com”的股票吧！

每天都有新的互联网公司创立，而且似乎那些投资互联网企业的人从来不可能亏损。于是，狂热的风险投资商不顾一切地涌向新生的互联网公司，任凭他们大把大把地烧钱，其速度和数量让人目瞪口呆。资本市场的新贵们对传统的商业智慧倍加嘲弄，他们对当时的美联储主席格林斯潘有关通胀和经济失衡的评论嗤之以鼻，更有激进分子要求格林斯潘重返校园，去温习经济学基本理论。

小链接3：

网络全球公司（theglobe.com）是一家由两位康奈尔大学的学生在1994年成立的。1998年11月，该公司在纳斯达克上市，股票的发行价格为9美元。可是，在11月13日公司股票的第一个交易日里，奇迹发生了。尽管这家公司在之前的9个月里账面总收入仅为270万美元，没有专利技术，而且无论从哪个角度衡量都不是领先的网站。可是，公司的股价在那神奇的一天一度猛冲到每股97美元以上，并稳定在每股63.5美元。仅这一天的收益率就超过600%。一下子，公司的市值竟然达到了约10亿美元，两位创始的年轻人瞬间成为了亿万富翁。

类似的故事比比皆是。iVillage（互动村）是一家经营妇女与家庭生活服务的网站公司，1999年3月公开上市，第一天的股价就被热情的投资者抬高了233%。到6月底，公司市值已经超过了16亿美元，当季公司的收入为600万美元，而支出却高达2400万美元。可是，公司的女CEO却信心百倍地说："我们的价值体现了投资者对我们积极进取精神的回报，因为他们愿意接受在此关头出现的亏损，我们能够迅速收购其他公司并且获得市场份额。这就像抢占土地，你必须尽可能快地把木桩楔入最有价值的土地，因为等到明天就没有机会了。"

互联网股票价格的腾飞，其根本原因在于人们对互联网和它彻底改变商业方式的能力过于乐观。有上万亿的资金涌向仅仅约五百种股票，导致股票供不应求，泡沫自然就产生了。随着时间的推移，互联网公司的股价越来越高，单单雅虎公司一家的市值，就超出了波音、卡特彼勒、菲利普·莫里斯这些传统产业公司的市值总和，尽管实际上这三家公司的总收入和总收益分别是雅虎公司的339倍和159倍。

网络股冲天的价格让许多人都感到震惊。购买股票的这些机构投资者并不是按照公司的内在价值去投资，他们只是在赌博，赌一些更大的傻瓜从他们手中以更高的价格买走股票。

既然是赌博，那就免不了有输了老本的人。虽然互联网公司吸引了无数风险资金，但大多数公司都在残酷的淘汰赛中倒下，只有少数公司活了下来。截止到2000年底，美国有375家互联网公司倒闭。许多雄心勃勃的公司在短短一两年内就消失了。2000年全年，美国新型互联网公司裁员人数达到创纪录的4.12万人，其中12月第一次超过万人。从四面八方汇聚到网络业的从业者被迫重新选择职业和生活。

无论是什么原因引发的破灭，最终破灭都是难以避免的。2000年3月下旬，纳斯达克开始第一次重大调整。此后，美国一些著名投资银行的分析员也开始掉转风头，对互联网公司的盈利前景表示担忧，建议减持。投资者在经过冷静思考之后，又将股票定价重新转回到最基本的标准——盈利上。他们发现大量互联网公司没有盈利前景，于是开始抛售这些公司的股票。

2000年4月，灾难终于降临了。4月3日、4日两天内，纳斯达克指数暴跌

924点，跌幅超过20%，创造了历史上的跌幅之最。转眼间，纳斯达克股市成了千百万投资者的地狱，上百亿美元的财富瞬间化为乌有，新经济“点石成金”的神话灰飞烟灭。

此后的短短一个多月时间里，纳斯达克指数从5084点一路狂泻至1300多点。同年9月21日，指数跌至1088点，创下了3年来的最低纪录，与2000年3月10日的历史高峰相比，跌幅高达78.8%，回到了1998年前的水平。到2000年底时，纳斯达克市场的股票总市值只有5000多亿美元，仅仅相当于3月时思科公司一家的股票市值。此后三年内，纳斯达克指数又连续跌至825.8的历史最低点。

从全球各地，无论是纽约、巴黎、孟买还是东京，所有的网络股和通信股的股价都一泻千里，很多公司的股价都下跌了90%以上。前面提到的网络全球公司，在2000年8月的股价只有1美元，比差不多两年前的发行价下跌了几乎90%，与其在最高点相比则下跌了接近99%。

短短几个月，整个网络产业突然从如日中天的巅峰跌入到万劫不复的深渊，许多排队上市的互联网公司被迫推迟或取消了上市计划。不少原本财源茂盛的互联网公司急切地寻找买家，或者干脆关门大吉。

灾难并不算完，泡沫的破灭引发了巨大的多米诺骨牌效应。从2001年到2002年，互联网业的危机很快波及处于产业链上下游的电信制造业和运营业。企业的盈利状况恶化，纷纷宣布裁员，整个信息产业步入前所未有的寒冬之中。

但是互联网泡沫的破灭并不是互联网本身的失败，而是人们对于其寄予了过高的期望，说到底这只是人们的狂热和贪婪所受到的必然惩罚。事实上，从郁金香到网络，不论投机的对象有什么不同，其投机的本质都是一样的，都是来自于人们内心那种对于财富的狂热追求和容易使人失去理智的贪婪。正是因为人的这些“本性”的东西是无法改变的，所以虽然我们一直在“与时俱进”，但是泡沫却像幽灵一样永远伴随我们，从古至今，从未间断过，不知道下一个又从哪里发生。

人们往往争论哪里有没有泡沫，哪里的泡沫有多大的问题。其实按我的理解，只要大多数人购买某一个领域的东西不仅仅是为了消费，更是为了投资，为了将来以更高的价格将它卖出去的话，这个领域就有可能存在泡沫，比如股市、楼市、黄金等。至于到底有多少泡沫，那就是一个见仁见智的问题了。可能有些东西有比较公认的计算“公允价格”的方法，而有些地方就不是那么明确了。但是我认为一些用于估计理论上的“公允价格”范围的模型还是有一定意义的，特别是如果这些模型是建立在一些有实际经济含义的变量的基础之上，比如市盈率、利率等。

但是话又说回来，如果用类似这种模型来估计，根据我的观察似乎很多领域都存在程度不一的“泡沫”现象，而且这些泡沫也不是都会破灭，这也正是说明了“泡沫”问题的复杂性。似乎一些小“泡沫”永远不会破灭，但是严重的泡沫和投机无一例外最终都会有崩溃的一天。其实，只要一直有源源不断的资金注入，我认为“泡沫”就基本不会破灭，在这种情况下永远都会有人愿意用更高的价钱接下一棒。当然，这只是对于那些温和的“泡沫”而言的，它们比较不容易破灭的原因在于它的资金要求比较容易满足，因为随着时间的推移，一般都存在通货膨胀和财富效应。所以，严格地说，我想这种很难称之为“泡沫”，因为它正是反映了总体的通货膨胀、经济增长和财富积累的增加。

然而，真正让我们关心的可能就是那种恶性的“泡沫”和投机，它可以短时间内吸引巨量的资金，又会由于某种原因（实际上往往是后续资金的缺乏）而瞬间崩溃。对于这种泡沫似乎任何人都无能为力，除非哪天人类能够克服内心深处的那种冲动和贪婪。

有人说，泡沫就像细菌，只要有它们存在的土壤，就会蔓延开来。历史经验也一再地告诉我们，当一个泡沫在膨胀的时候，公众的追风心理可以使其成为具有严重破坏力的投机浪潮。因贪婪而失去理智的人们会为泡沫的膨胀寻找各种“合理”的解释，不断提升对价格的预期，引起资产价格的不断快速上涨。任何发出泡沫警告的观点都会被当作一个异类而被嘲笑。事实上追风的很多人也确实能在泡沫膨胀的前期一夜暴富，但是谁也不可能知道泡沫在哪天会破灭，所以如果你想在泡沫的大潮中“浑水摸鱼”，你就要承受泡沫可能破灭的风险。

在泡沫面前，因为狂热，每个人都可能犯错误，无论是经济学家还是普通老百姓，而真相，只有在泡沫破灭的时候才能大白于天下。

第十五章
次贷危机会在中国重演吗?

我想从“911”事件以来这么长一段时间内，最令人们印象深刻的就是前不久的全球性的金融危机，这场危机深刻地改变了世界，也改变了中国。如果说1997年亚洲金融风暴的爆发让很多中国人开始关注金融危机的话，那么这次的金融危机就已经影响到了大多数中国人。

这次金融危机的源头就是来自于美国的“次贷危机”，美国的住房次级按揭贷款一出问题为什么会有这么大的能量？我国的房地产市场也是很多人关注的焦点，其中也存在着大量的住房按揭贷款，那么次贷危机会不会在我们中国重演呢？要回答这个问题，我们必须首先了解美国的房地产市场和金融市场与中国的有何不同，弄清楚美国爆发次贷危机的原因。

专门讲次贷危机的书已经很多了，但是其中绝大多数对于普通百姓而言还是太过专业，看了以后不知所云。所以，我这里尽量用通俗的表达方式，其中可能存在某些不太准确的说法，但是大致意思应该是不会错的，我想读者不会过于苛责，毕竟我们不是为了专业研究。

“次贷”就是次级贷款的意思，为了了解次贷危机，我们必须知道什么是次级贷款。次级贷款准确来讲应该叫作“次级按揭贷款”。“按揭”这个词我想大家一定很熟悉，如果你是房奴的话，印象就会更深刻。“按揭”是从英语“mortgage”译过来的，为什么译成这么一个奇怪的词呢？原来“按揭”一词最先是由香港传入的，它是“mortgage”的粤语音译。“按揭”是什么意思呢？比方说你想买房子，总价要100万，你手头上只有20万，你向银行要求贷款80万，你把这100万付给房地产公司，你跟它算是钱货两清了。那么你欠银行的80万怎么办呢？慢慢还呗。比如每月你还银行几千块钱，一共还20年——房奴就是这样炼成的。那银行凭什么把钱贷给你呢，你不还怎么办？首先银行会考虑你的信用，你的收入情况；其次你是要有担保的，具体地说就是你把你所买的房子的产权抵押给银行作为担保。在你还清银行的钱之前，你房子的所有权归银行（当然你在这段时间可以拥有房子的使用权），当你还清本息之后，房子的所有权才归你。在这里，你被称为按揭人，银行被称为按揭受益人。

那为什么要加“次级”这个前缀呢？在美国，房屋按揭贷款根据按揭人的信用状况可以被分为三类：信用等级高、债务负担合理、风险小的优良客户的贷款叫作“优级按揭贷款”；信用分数低、收入证明缺失、负债较重客户（主要是低收入阶层和新移民）的贷款叫作“次级按揭贷款”；而中间的那些信用记录不错，但缺少或完全没有固定收入、存款、资产等合法证明材料的客户的贷款叫作“超A按揭贷款”。

从这里我们可以看到，次级按揭贷款的风险很大，根据瑞银国际的研究数据，截至2006年年底，美国次级抵押贷款的还款违约率高达10.5%，是优质贷款的7倍。金融市场的原则就是：高风险的投资必须要有高收益作为回报。所以，次级贷款的利率比较高，通常要比优级按揭贷款高2~3个百分点。而且次级贷款是以浮动利率为主的，这就意味着如果今后市场的利率上升，贷款人的“月供”压力也会随之增大。

知道了上面这些次级贷款的基本知识之后，就可以开始我们下面的故事了。

大家知道美国是个消费主义盛行的国家，贷款是非常普遍的现象，从房子到汽车，贷款无处不在。美国人很少全款买房，买房都是要通过长期限的贷款，像山西煤老板用现金买房的事情，美国人贫乏的大脑还难以接受。在过去的十几年的时间里，美国的房地产市场持续扩张，越来越多的人开始有了自己的房子。

有钱人买了房子，没钱的人也想有房子啊，就这个事情来看，美国人和我们中国人似乎也大同小异。但是随着房价的步步高升，想靠自己这点收入买房，无异于痴人说梦。于是，商业嗅觉敏锐的贷款机构发现了这个商机，他们认为那些信用不够而又想买房的人中蕴含着大量的获利机会。于是银行、贷款公司的广告、传单就铺天盖地地袭来：

“你想过中产阶级的生活吗？你想拥有一套属于自己的房子吗？大胆地买吧。”

“什么？积蓄不够？只要是钱的问题那都不是问题，贷款呗！”

“没有收入？没有信用证明？没关系，找山姆大叔贷款公司吧！”

“首付也付不起？我们提供零首付，你直接住就行。”

“担心利率太高？嘿！我们都帮你考虑到了，头两年我们提供3%的优惠利率！”

“这样还是付不起？也没问题，头24个月你只需要支付利息，本金可以两年以后再付！你想想，两年后你的收入怎么可能不涨呢？说不定到时候你就被提升为经理了呢！”

“还是担心两年后还不起？哎呀，你也太小心了。你看看现在这房价比两年前涨多少了？到时候即使还不起了，你转手一卖，不仅白住两年，还能赚一笔呢！再说了，又不用你出钱，你也不损失什么啊。我都相信你行的，你怎么就不相信自己呢？难道我敢贷，你还不敢借吗？”

这几板斧实在是狠，你考虑到的没考虑到的，它都帮你想到了。既然人家这么热情地想帮助你，你还犹豫什么呢！况且美国人向来自我感觉良好，你说一个演电影的都能当州长，两年以后说不定我还真有钱了呢！

那么，难道美国的银行和贷款公司都是傻子？它们就没有考虑到风险吗？一是因为财迷心窍，看见利润没有几个人还能保持那份冷静；二是因为那几年美国的房价一直在涨，看上去似乎也没什么风险，到时候实在不行了，把房子一卖，也不亏，皆大欢喜，而且很多所谓的分析家会告诉你，房价一定不会跌，它还得涨到天上去！

山姆大叔贷款公司短短几个月就取得了惊人的业绩，里面的人都在一个劲地按计算器看已经赚了多少钱了。但业务量上去的同时也产生问题了，什么呢？钱都贷出去了也不是好事，资本只有在不断的流通中才能不断获得利润啊！难道还真的巴巴地等买房的人交20年“月供”啊？傻子才干这种事！银行、贷款公司显然不是“傻子”，都是聪明人中的佼佼者。所以应该尽快地收回现金，然后再贷出去，再收回现金，再贷出去……只有这么搞，利润才上得去啊！再说了，现在捂着这一笔笔贷款，将来能不能收回来还不一定呢。贷款公司的董事长山姆大叔先生那也是熟读美国经济史的人物，他太了解房地产市场的风险了。

“舍得舍得”，只有舍弃某些东西才能得到更多嘛！这笔收益看来是不能独吞，要早点收回资金，找个合伙人分担风险才行。找来找去，山姆大叔找到了美国经济界的带头大哥——投资银行。这些家伙一个个可都是江湖中响当当的主——美林、高盛、摩根士丹利，他们都是中国广大学金融的高材生神往的“教父”。他们都是干什么的呢？简单地说，那里面都是一帮吃饱了饭没事干的人，反正闲着也是闲着，于是找来诺贝尔经济学家，找来哈佛教授，找来金融界的“天才”，用上最新的经济数据，最先进的金融模型，经过一番颠来倒去的捣鼓之后，弄出几份报告来。从而来评价一下某某股票是否值得买，某某股市是不是已经有泡沫了，某某公司值多少钱，是不是可以收购等。就是这么一群在风险评估领域骗吃骗喝赚大钱的主儿，你说他们看不看得到这里面的风险？用脚趾头都看得到！可是有利润啊，来钱啊！那还犹豫什么，抄起家伙干吧！

他们首先想到了MBS，即房地产抵押贷款支持证券（Mortgage Backed Securities），这是什么东西呢？

华尔街有句名言：“只要一种资产能够产生稳定的现金流，就可以将它证券化。”贷款公司说，你看，我现在持有了大量的抵押贷款债权，未来会有持续的现金流入（月供），这就是资产啊！本着造福大众，利益均沾的原则，我现在以这些债权作支持（他们把这叫作资产池）发行证券，你们来买我们的证券，这样我就能立马收回资金，接着去放贷。你们有什么好处呢？以后每个月从我这儿贷款的人还本付息的时候，这笔收入扣除相关费用之后就转手给你们了，这么一算你们还能赚不少啊！

投资银行说，哎呀，你这么搞不行，太低级了！它里面的经济学家、金融学教授用各种数据模型一顿捣鼓，重新包装一下就推出来一个新产品，他们把这叫作CDO，即担保债务凭证（Collateralized Debt Obligation）。那么这又是什么玩意儿呢？其实说到底也没什么高深的东西。

MBS的资产池里面只是房产抵押贷款债权，但是你们（银行、贷款公司）还有其他贷款啊，把它们都加到这池里来呗！于是，CDO的资产池里除了MSB外还有高收益债券、新兴市场公司债券、国家债券、银行贷款等。这里面的各个债权要求来源不能相同，彼此之间相关性越小越好，这样能充分分散风险。

上面的过程就相当于说：唉哟！你们这帮农民，光卖胡萝卜，那哪行啊？你们把胡萝卜、西红柿、苹果、菠萝什么的都放进来，然后做成“农夫果园”，那不就好卖了嘛！高！实在是高！要不怎么说人家是带头大哥呢。其实说穿了就是让证券持有者来承担次级房屋贷款的风险，把风险转嫁出去。

但是，光这么卖，风险还是太高没人买啊。没关系，我们还有办法。投资银行对里面的债券、贷款等进行资产结构重组，重新分割投资回报和风险，用来满足不同投资者对风险和收益的偏好。假设原来这个CDO的风险等级是6，属于中等偏高；经过这么一番折腾之后，把CDO按偿还的先后顺序分成了优先级、中间级和股权级，比如说现在它们的风险等级分别成了4、6和8。总风险没变，但是优先级的CDO就成了中低风险证券了。凭借着投行的三寸不烂之舌，它们完全可以卖给商业银行、保险公司、共同基金、养老基金这样的风险偏好较低的机构投资者。

可是剩下的那些风险较高的中间级、股权级的CDO怎么办呢？其中一些是投资银行自己吞进了，稍微有点风险对投资银行来说还是没什么大不了的。但是还有一些CDO连投资银行也感觉风险太大，不敢独吞，于是它又找来了对冲基金。

对冲基金又是什么人啊？那可是在全世界金融界买空卖空、呼风唤雨的角色，过的就是刀口舔血的日子，这点风险还算是风险吗？于是凭借老关系，在世界范围内找利率最低的银行来借钱，然后大量吃进这部分高风险的CDO。比如，2006年以前，日本央行贷款利率仅为1.5%，而高风险CDO的利率可能达到12%，所以光靠利息差对冲基金就能赚得盆满钵满了。

小链接1：对冲基金

最早的对冲基金是由美国人琼斯于1949年创立的。当时，琼斯采取了在卖空部分股票的同时买入部分股票的投资策略，这样，部分市场波动风险得到了对冲（hedge）。这也是对冲基金一词的由来。目前，对冲基金主要是指以合伙制建立的、灵活采取买入（long）和卖空（short）策略，积极管理、运作公开市场的资产组合。不同于传统投资和共同基金以固定管理费为主的情况，对冲基金收费由固定管理费和业绩费两部分组成。与传统资产管理、共同基金、私募股权基金相比，对冲基金具有隐蔽、灵活投资的特点。一向追求"高风险，高收益"的对冲基金当然不会放过次贷衍生市场中淘金的机会。对冲基金大量购买次级房贷支持的MBS及其衍生品，并在评级机构的配合下，成功说服银行接受这些证券作为抵押品来融资，以扩大杠杆比例。以贝尔斯登旗下现已破产的两只对冲基金为例，贝尔斯登在这两只基金上的投资不过4000万美元，但基金从客户筹集的资金则超过5亿美元。利用财务杠杆，两只基金举债90亿美元，并控制了超过200亿美元的投资，且大多为次级房贷支持的高风险CDO。

要说这个世界也真是奇妙，2000年以来的美国房地产市场一路飙升，短短几年就翻了一倍多。正像山姆大叔贷款公司所预料的那样，根本不会出现"断供"的情况，就是没钱还，把房子一卖还可以赚一笔。这样一来，从贷款买房的人，到山姆大叔贷款公司，到投资银行、共同基金、商业银行，再到对冲基金，没有一个不赚钱的。嘿！这买卖好啊！

不过投资银行却不太高兴了，甚至很不高兴！当初是觉得那些CDO风险太高，才扔给对冲基金的，没想到这帮家伙比自己赚得还要多，净值一个劲儿地往上翻，早知道这样就自己留着玩了。于是投行也开始买入对冲基金，打算分一杯羹。这就好比自己有了馊的饭菜，不舍得扔又不敢吃，正巧看到邻居家那只讨厌的小黑狗“旺财”，于是就扔给它吃了，本来打算毒它一把。没想到“旺财”吃了不但没事，反而还茁壮成长了！这下投行可蒙了，难道馊了的饭菜营养更好？于是自己也开始大胆地吃了，不但吃了，还跟“旺财”抢着吃！

这下又把对冲基金给乐坏了，他们本来就是那种手上只有1块钱却要想方设法借10块去赌场玩的土匪啊！现在手上拿着抢手的CDO还能老实？他们太知道杠杆原理了。于是他们拿着手里的CDO去忽悠银行，得到银行贷款，接着去买那些高风险的CDO。嘿！当初咱可是签了协议的，这下CDO都归我了！投行那个心里不爽啊，早知道就不给那些白眼狼吃食了。他们除了继续闷声买进对冲基金外，又天才性地推出了一种新产品——CDO的2.0版本——CDS，即信用违约互换（Credit Default Swap），又称信贷违约掉期。不是都觉得原来的CDO风险高吗，那我投保好了，每年从CDO中拿出一部分钱作为保金贡献给保险公司，但是万一将来出现问题了，大家一起背黑锅。

保险公司一想，不错啊，有搞头啊！眼下CDO这么赚钱，而且似乎没啥风险啊！1分钱都不用出就能分利润，这不是每年白送钱给我们吗？干了！

对冲基金一想，不错啊，也有搞头啊！已经赚了几年了，这单生意以后再干下去估计风险越来越大了，现在光分一部分利润出去就能拉保险公司下水，干了！

小链接2：信用违约互换（CDS）

信用违约互换（Credit Default Swap）又称为信贷违约掉期，也叫贷款违约保险，是目前全球交易最为广泛的场外信用衍生品。信用违约互换的出现解决了信用风险的流动性问题，使得信用风险可以像市场风险一样进行交易，从而转移担保方风险，同时也降低了企业发行债券的难度和成本。

我们定义A为申请贷款人，B为放贷者（银行或其他金融机构），C为保险提供者，其大致流程是这样的：A向B申请贷款，B为了利息而放贷给A，放贷出去的钱总有风险（如A破产，无法偿还利息和本金），那么这时候C出场了，由C对B的这个风险予以保险承诺，条件是B每年向C支付一定的保险费用。如万一A不能还本付息，那么由C补偿B所遭受的损失。信贷违约掉期是一种新的金融衍生产品，类似保险合同。债权人通过这种合同将债务风险出售，合同价格就是保费。当次贷违约率上升时，这种“保费”就上涨，随之增值。

CDS也常常会被对冲基金、投资银行等用于对赌某家公司的未来是否会破产，而交易者并不真的持有某家公司的债券。美国CDS的市场规模巨大，覆盖的债券和贷款的市场高达62万亿美元。

于是再次皆大欢喜，CDS也卖火了！你以为事情到这里就结束了吗？还早着呢！

聪明的华尔街赌徒又想出了基于CDS的创新产品！这已经是衍生品的N次方了！比如说目前为止CDS已经给我带来了10亿元的收益了，现在我又新发行一个“小强”基金，这个基金是专门投资买入CDS的，显然这个建立在之前一系列衍生产品上的基金的风险是非常高的，会有人来买吗？我把以前赚的10亿元投入作为保证金，如果这个基金发生亏损，那么先用这10亿元垫付，只有这10亿元亏完了，你的投资本金才会开始亏损，而你是可以随时赎回的，首发规模100亿。

天哪！简直天上掉馅饼了！还有比这更爽的基金吗？！1元面值买入的基金，亏到0.9元都不亏自己的钱，赚了却每分钱都是自己的！这简直是慈善机构啊！评级机构一看到这个“天才”的发明，简直毫不犹豫：AAA级！

既然权威的评级机构都这么说了，那就买吧！于是“小强”基金就卖疯了。各种养老基金、共同基金、保险公司甚至许多国家的商业银行也纷纷买入——既然评级这么高，这么安全，那还怕什么呢？虽然首发规模是原定的100亿，但是后续发行的多少亿，只有天知道了，但是保证金10亿元却没有变。如果实际发行了1000亿，那保证金实际只能保证基金净值不低于0.99元你才不亏钱。

…………

故事讲到这儿，里面搅进去多少人、多少机构已经难以估量了，你中有我，我中有你，大家同坐一条船，那就同心协力一起炒作吧！

其实只要宏观环境不发生变化，这是一个完美的链条，人人都可以在里面接天上掉下来的钱。可是随着美国利率的上升，随着美国的房地产市场从“高高的山冈”上重重地摔下，这条链条上的每一个环节谁也逃不掉。优惠利率期限过了，美国的市场利率又升高了，先是那些贷款人无法偿还贷款了，而房价那时也下跌，即使把房子卖了也还不起贷款啊！债权人拿着房子也是烫手山芋啊，不得不去卖掉，这又导致房价进一步下跌，然后又有更多的人无法偿还贷款……

这时候那些投资于次级贷款及其衍生品的家伙可就惨喽！那些原本抢手的CDO、CDS成了白条，贷款公司倒闭、对冲基金大幅亏损，美林、花旗、摩根士丹利一个个谁也别想跑！保险公司、商业银行、共同基金也都栽在里面了，财富缩水、股市大跌，更多的人无法偿还贷款……次贷危机爆发，引起信用危机，谁也不相信谁。大家知道现代金融的核心就是信用，信用危机导致了全球性的金融危机。

美国次贷爆发的故事大致就是如此，我相信大家已经能看得比较明白了，个人认为上面讲得已经比较容易明白了。不过，下面我们还要再来补充一点东西。

美国的债券市场非常发达，2006年年底，其债券市场的规模已经达到了26万亿美元，是当年美国GDP的两倍，是股市规模的1.3倍，而住房按揭贷款所支持的债券占总债券规模的13%，即3.38万亿美元。如此大的债券规模吸引了国内外众多的参与者，其中大概可以分为五大类。

一类是普通抵押贷款机构，如国民金融公司、新世纪金融公司，它们主要向购房者提供按揭贷款，并将按揭贷款在二级市场上出售进行融资——其购买者主要是房利美和房贷美。

第二类是以政府为背景的三大抵押贷款机构，它们一般不直接向购房者发放贷款，它们主要进行住房贷款的证券化，即收购住房抵押贷款，并以此为支撑发行证券。三大机构包括政府国民抵押协会，俗称吉利美；联邦国民抵押协会，俗称房利美；联邦房贷抵押贷款公司，俗称房贷美。

第三类是特殊目的实体（SPV，Special Purpose Vehicle），指资产证券化过程中接受发起人的资产组合，并发行以此为支撑的证券的特殊实体。特殊目的实体的主要功能是隔离风险，它就像一个密封的盒子，发起人将资产注入盒子后，资产便与外界隔绝，盒子之外的任何机构均不能对这部分资产的权利指手画脚。

第四类就是信用评级机构，它主要的功能是给各类证券进行信用评定，包括穆迪公司、标准普尔公司等。比如说穆迪公司按证券的信用从高到低把它们分为AAA、AA、A、BBB、BB等等级。

最后一类就是投资者，他们来自世界各地，包括保险公司、对冲基金、个人投资者等，像我国的中国银行、中国建设银行、中国工商银行、交通银行、招商银行等也都在这个大队伍里面。

可见，里面牵涉到了现代金融领域内几乎所有的机构。

那些乱七八糟的衍生产品不管叫什么名字，说到底还是以次级按揭为支撑的，为什么会有那么多人追捧呢？

首先是因为它的高收益率，虽然同时也要承受高风险。而且在次贷危机爆发前，MBS价格节节攀升，这就造成了不存在高风险的假象，可高收益却是显而易见的。其次就是次级按揭贷款背后有抵押的房地产作为支撑，一旦购房者出现违约，银行和房地产金融机构可以通过出售抵押房产获得收入来为MBS还本付息。但是他们忘了一个前提条件，这个理由只适用于一个房地产价格不断上升的市场环境。最后信用评级机构给次级按揭贷款支撑的证券以较高的信用等级也是一个重要原因。那些“无良”的信用评级机构为了自身的利益，有意无意地忽略了其中蕴含的巨大风险。

好了，聊完了美国次贷的那些事儿之后，我们就能很容易回答标题的问题了：次贷危机会在中国重演吗？

自然我国也存在着大量的住房按揭贷款，而且热钱也在大量参与房地产市场，市场的波动无论在短期还是长期都难以避免。但是，我仍然相当肯定地说，次贷危机不会在中国重演！

首先，我国不允许降低房贷首付比例，不仅不会实行零首付，甚至有的情况达到了三成及以上的比例。这其实已经大大控制了贷款的风险。其次，我国的贷款市场结构简单，商业银行贷款没有次级贷款，而且我国的金融体系相当的不发达，因此风险被控制在一定的范围内。即使发生危机，风险传递到银行基本上就到头了，而我们的银行（主要是四大国有银行）最后实际上还有政府兜着底呢！要说贷款质量，我国银行体系内的呆坏账是很巨量的，但是政府没有也不可能坐视不理。既然有政府信用扛着，就算有大量违约情况发生，也不至于影响整个金融体系运行。

而且我国商业银行对于城市房屋贷款的限制实际上是很严的。

简而言之，我国不可能发生次贷危机的主要原因并不是我们的金融体系有多发达、多安全，恰恰是由于我们的金融体系太落后了，你还根本没“资格”爆发危机呢！打个不太上得了台面的比喻吧，你就算把太监放在青楼里，他也犯不了“错误”呀！

但是我们说不会爆发次贷危机，并不是说我们的贷款一定很安全，其中出现呆坏账还是不可避免的。所以我们对此还是要小心谨慎，未雨绸缪。

第五部分

各取所需——漫话贸易

第十六章
我们的外贸出口怎么了?

这一部分我谈的是贸易，而如果从国家层面上来看，这就无非是一个进口，一个出口，而出口一直是我们比较关注的，所以这一章我们来谈谈我们的外贸出口。

改革开放以来，扩大出口一直是我们对外开放战略中最重要的目标。从1978年到2008年，我国的出口平均增长率达到了18%，远远高于我们的GDP的平均增长率，这也意味着贸易对我国经济的拉动作用越来越显著了。特别是2001年我国加入WTO以后，出口更是大幅飙升，2001年到2008年年平均增长速度高达28.8%。与此同时，我国出口结构也大幅度改善，以前主要是为世界市场提供廉价的原材料，大家知道那种东西基本上没什么附加值；而现在制成品在出口中的比重从开放之初的46%上升到2008年的95%，机电产品和高新技术产品占出口的比重分别达到了57%和29%。我国已经成为了世界第二大出口国，出口份额占全球市场份额的近10%。

但是，由次贷危机引发的全球金融危机的爆发，给全球经济造成了严重的影响。国际经济发展严重受挫，很多原本牛气十足的大企业也开始大幅度裁员，中小企业大规模倒闭，全球面临严重的经济恐慌。在现代社会，所有国家其实都坐在一条船上，大环境变差了，我国也同样不能幸免，2008年，我国的出口企业迎来了名副其实的寒冬。

如果我们乍一看我国在2008年的出口业绩，似乎还是形势一片大好。2008年我国的外贸进出口总额25616.3亿美元，比上年增长了17.8%，其中出口14285.5亿美元，增长17.2%；除去出口自然剩下的就是进口了，小学生应该都能一下子算出来；出口减进口就是所谓的贸易顺差，达到2954.7亿美元，比上年增长了12.5%。其实，我们在这里要明确非常重要的一点：有时候用货币来计量是要被数字玩弄的，因为这一年的美元在贬值，如果扣除美元贬值的影响，用人民币来计价，我国的实际出口增长仅为9%，而如果再扣除人民币贬值的影响，实际的出口增长率仅为1.4%——这个1.4%就是我们的实际出口成绩，前面的都是注了水的猪肉。这个数字是我们近10年来的最低增长速度。

从我们的出口目的地来看，我国对美国的出口增幅下降了很多，但是对其他国家，比如印度、韩国出口增长速度都超过了40%；对德国、欧盟也增长了大约28%；对中东和其他国家的出口也还是保持着比较高的超过20%的增长速度。然而由于美国在我国出口中所占的比重过大，所以总体看来，我国的出口遭受到了前所未有的困难。

如果我们分省市来看数据，我们会发现，即使在哀鸿遍野的2008年，全国各省市中只有7个省的出口增长速度低于20%，11个省的出口增长速度都超过了30%。但是遗憾的是出口下降比较严重的正是在我国出口中占很大权重的省份，比如说广东，它的出口就下降了很多，而且其占全国总出口的份额达到了将近三分之一，所以它出口增长的回落不可避免地会对我国的整体出口产生非常大的影响。

从上面的一些数字，你可以看出点什么道道来呢？善于从纷繁的数字中把握其中隐含着的某些信息是一种非常有用的能力，如果你能够达到这样的水准，以后无论看到什么样的新闻报道，你就都能比一般人看得更深刻，这就是数字背后的门道。我希望大家通过这本薄薄的小册子也能在这些方面有所提高。

我想从这些数字中，我们至少能得出这样的两点推论：一是我国出口目标市场过于集中，过于依赖某些市场，比如美国市场；二是我国出口的来源地过于集中，某些地区的出口占了我国出口总额的相当比例，比如珠三角和长三角。为了使大家更好地理解这一点，我再举出下面的一组数据：2008年前7个月，上海、江苏、浙江三地共实现进出口总额5420亿美元。与全国同期共实现进出口总额14821亿美元相比较，江浙沪三地占全国总规模的36.5%。作为外贸重镇的长三角保持了三分天下有其一的局面，而且前面我们又说过，广东的出口也将近占全国出口的三分之一，那么这么一计算，我国其他这么多省市的出口总额加起来也就才占三分之一左右。

外贸出口的困难给我国几乎所有的行业和企业都带来了冲击，但是影响程度有所不同。受冲击较大的行业是钢铁、机电、化工、纺织服装、汽车零部件等；受冲击较小的是高新技术、造船业等。其中的原因比较明显，高新技术由于存在技术含量高、难以替代等优势，所受影响较小；而造船业的产品生产周期比较长，接到的订单基本都是长期订单，我国企业之前已经积累大量的订单，所以暂时还没有受到太大的影响。

那么2008年我国外贸出口增速大幅放缓，到底是由哪些原因导致的呢？在这里，我们先谈谈那些明面上的直接因素，到这一章的最后我们再聊聊由我国经济结构的深层次问题所导致的外贸隐忧。我想直接原因可以从内部和外部两方面来谈。

国内因素首要的一点就是原材料价格的上涨。原材料价格为什么上涨呢？大家知道，需求主要可以分为两部分，一是消费需求，一是投资需求。对原材料的大量需求主要来自投资。随着经济的发展，国内的投资热情一直非常高涨，房地产、汽车、钢铁、水泥、石油等行业的投资增长迅猛，使国内的投资需求达到一个高峰。经济的高速发展刺激了市场对钢铁、水泥、塑料等原材料的需求，导致原材料供应出现紧张，价格持续上涨。这其中，国际市场原材料价格的急剧上升起到了很重要的作用，由于我国“胃口巨大”，在国际市场上买什么涨什么。原材料价格的上涨，大大增加了我们企业的生产成本，而我们的企业由于种种原因又难以将这个成本转嫁出去，导致企业的利润大大被压缩，甚至很多出口企业面临越出口越赔钱的尴尬境地。

其次就是我们很早就谈到过的人民币升值。自从我国汇率机制改革以来，人民币兑美元持续升值。人民币的升值意味着国际市场上中国的商品整体提价，这个很容易理解，因为我们的出口企业大量的投入品都是以人民币计价的，比如土地、工人工资等，即使人民币计价的成本保持不变，由于人民币升值，在国际市场按外币计价的商品价格就不可避免地要上升。人民币升值在一定程度上削弱了我国出口产品的价格竞争力，对我国的国民经济影响很大，甚至对部分出口商品和行业造成了致命的打击。我国的很多低端制造业，毛利润也就在5%上下，这就意味着如果人民币升值5%，整个企业辛辛苦苦、起早贪黑地生产到最后还是赚不了钱甚至赔钱。即使现在似乎还能赚点小钱，但是在这样的汇率风险下还能勤勤恳恳地干活要“出口创汇”，实在不是一般企业所能达到的“高风亮节”，所以很多企业不得不很明智地放弃了出口。

劳动力、土地等成本不断上升也是一个重要原因。一直以来，我国都是以劳动力资源丰富、价格低廉“享誉全球”——虽然这一直以来为很多经济学家所津津乐道，但是我还是有意无意地比较羞于提起这一点，毕竟劳动者的报酬极低应该不是一件很光彩的事情。然而事情还是会悄悄发生变化的，中国的劳动力也只是“似乎”取之不尽，当长三角、珠三角各地出现“民工荒”的时候，也就意味着劳动力成本上升已经不可避免了。随着我国工资水平的上升，相对于其他亚洲国家，我国的劳动力成本优势正在进一步缩小甚至丧失。目前，我国的劳动力价格已经明显高于印度、越南、蒙古等国，部分制造业生产商已经开始从我国向这些国家转移生产线。其实，我一直有一个朴素的想法：我们可以用劳动力的成本来大致衡量一个国家一个地区的富裕程度。如果这个想法正确，那么从好的方面来说，就是我国居民的富裕程度明显提高了；而从另外的方面也说明，我们一直以来所倚重的成本优势在逐渐消退，我们必须找到出口的其他模式。

此外，我国部分商品的出口退税率的下调也起着相当关键的作用。为了进一步控制高能耗、高污染和资源性产品的出口，增加能源、资源类产品、关键零部件的进口，促进贸易平衡，2007年以来，我国多次调整部分商品进出口的关税税率。总体来说，就是把一些资源的进口关税调低，出口关税调高，这表明我国政府在打国外资源的主意，特别是那些比我们更穷、更落后的国家的资源。是的，我们应该利用全世界的资源来生产，不能老是用祖宗给我们留下的不多的家底，这一点我个人举双手赞成，因为这是长远利益所在。然而，部分商品的出口退税率下调进一步压缩了这些行业的利润，加大了中小企业出口的生存压力，进而影响出口数额。出口退税就相当于降低了企业的成本，而退税率的降低对于某些企业来说无异于致命的打击。我们有不少企业其实仅仅就是靠这个出口退税的政策活着，这样的企业基本上没有什么其他竞争力可言。

对于这样的企业被淘汰，我宁愿相信是一件好事——有时候敲打一下它们，给它们一点压力，或许就能产生令企业前进的动力。

上面谈到的几点是国内的因素，从外部来看，全球金融危机导致的国际经济环境恶化则是我国出口困境的最直接原因。

我们以美国为例，美国经济总量占世界的30%，进口量占世界的15%。在上一部分我们提到过由次贷危机引发的信贷危机，这对于我们可能仅仅是一个模糊的概念，但对美国的进口商而言，这是实实在在的“危机”。他们的融资难度大大增加，无法像以前那样轻松获取银行贷款从而支付进口订单的定金和尾款，也就导致美国进口量的下滑。美国是一个信贷十分发达的国家，美国人不像我国的一些暴发户随时能掏出大笔大笔的现金来进行支付，美国人习惯了那种信用卡消费方式（超前消费）。信用卡就是一种信贷，就是个人向银行的贷款，因此信贷危机直接影响到信贷额度，也就意味着民众购买力的下降，导致需求下降，这样进口也必然下滑。

美国是这样，其他很多发达国家也是如此，比如欧盟。美国和欧盟的进口下滑和中国的出口下滑其实就是同一个问题，因为美国和欧盟市场占中国总出口的40%。所以，在以上的内外部因素共同作用下，2008年我国的外贸出口陷入了前所未有的困境，即使那时“保增长”“保出口”的口号喊得很起劲，但毫无疑问，用温家宝总理的话说，“2008年，是中国经济最困难的一年”。

小链接：合俊的倒下

2008年10月，全球最大玩具代工企业之一——合俊集团旗下两工厂倒闭，6500名员工面临失业。这是受金融危机影响，中国实体企业倒闭规模最大的案例。

从影响和知名度来看，这可以说是美国金融危机波及中国实体经济企业的第一案。世界玩具五大品牌中，合俊已是其中三个品牌的制造商，如此大型公司的工厂，为何走上了倒闭的不归路？

在玩具行业，合俊集团可谓大名鼎鼎。作为全球最大玩具代工企业的代表，其主要按OEM（贴牌加工）基准从事制造及销售玩具，包括为全球最大的玩具商美泰公司提供OEM业务，知名代工产品包括美泰、孩之宝等。

合俊集团旗下东莞樟木头工厂的产品主要销往美国，其倒闭与金融风暴的冲击有着密切的关系。尽管该企业的技术和规模在业内都处于领先地位，但覆巢之下岂有完卵？在这场广泛波及中国出口制造业的危机面前，合俊集团也同样未能幸免。

虽然合俊集团2008年上半年的销售额约为3.87亿港元，微增2.9%，但是整体上还是亏损2.01亿港元。另外，生产成本6个月持续上涨也是重要的负面因素，塑料成本上升了20%，最低工资上调12%及人民币升值7%。在这些不利情况下，尽管在成本减省和与客户洽谈价格方面付出了大量努力，合俊集团营运仍然毛损约2620万港元。

其实，金融危机爆发后，我国很多代工企业倒下的最直接原因还是资金无以为继。以合俊集团为例，截至2008年6月，该集团总资产8.36亿元，总负债5.32亿元。粗看上去似乎没什么问题，但要注意的是，总负债中流动负债便高达5.3亿元，如果你稍微懂一点会计知识就会明白这是怎样一个危险的事情——流动负债意味着这些负债有可能是要在短期内偿还的。一个总资产才8.36亿的企业，它居然有5.3亿的流动负债！

很多企业在经营的时候都太过依赖银行借贷，在经济环境较好的时候，实业企业往往对自身偿债能力预计过高，一旦有风吹草动，由于准备不足马上陷入困境。

合俊集团宣布倒闭两天后，百灵达公司深圳工厂宣布，从20日开始停止运营，1600名员工被解雇。紧接着，有如多米诺骨牌，珠三角一些中小企业相继关门。

香港工业总会会长陈镇仁预测，珠三角现有7万家港资企业，如果有四分之一出问题，那就有1.75万家企业倒闭。而这7万家工厂在珠三角雇用了超过1000万工人，当四分之一工厂关闭的情况下，将导致250万名员工失业并引发失业潮。

那么为什么出口这么容易牵动人们的神经呢？上面案例提到的就业问题是一个方面，另一方面就是关系到我国经济的增长。大家可能都听说过拉动经济的三驾马车是消费、投资和出口这样的说法，可是估计有些人对此可能没有明确的理解，这里我再谈谈。

衡量一个国家整体的经济规模的一个通用指标就是大家耳熟能详的GDP（国内生产总值），它指的是一个国家在一年内生产出来的商品和服务的总和。很明显，总体来看，我们的企业生产出来的商品和服务一定是要卖出去投入使用，不然企业没有收入是没法活下去的。那么那些商品和服务都使用在哪儿块了呢？那就是消费（本国居民自己用了）、投资（投资者用来扩大生产、政府进行基础设施建设）、出口（确切地说是净出口，卖给老外）这三块，这也是GDP计算的一种方法，叫作支出法。当然GDP还可以从其他角度来计算，比如收入法等。

可见出口的减少直接意味着一个国家经济规模的缩小。在2008年之前，连续5年，我国对外贸易对经济增长的贡献率始终保持在20%左右。像美国这样的国家，消费占国民经济的比重将近70%，所以居民消费对他们就很重要；而我国消费的比重在50%以下，而且一直不见多大起色，所以投资和出口就显得尤为重要。

在2009年，政府谈得最多的就是“保8”。要保持经济高速增长，我们的出口就不能太差劲了。所以政府为了拉动经济，不仅仅增大了投资力度，出台了“4万亿”的大手笔，而且在对外出口方面也想尽了一切办法，甚至在出口退税方面重新出台了优惠政策。2009年，全球经济开始复苏，中国经济已经走出了谷底，新的一轮经济增长已经确定，出口业绩也大幅回升，似乎2008年的困境只是一个小小的插曲，一场噩梦而已，而现在噩梦已经苏醒。我国提出的目标是年增长率8%，现在看起来这个目标早就可以宣布已经达到了，各大机构也与时俱进，纷纷调高对中国经济增长率的预期。

然而，危机真的过去了吗？我们的外贸出口又会毫无疑问地带着我们中国经济走向新高，带来大把大把的外汇吗？在日子过得舒服的时候浑浑噩噩，一旦发生剧变就哭爹喊娘，那样是不值得同情的。所以，我们必须居安思危。

在我看来，我国外贸出口的深层次问题还远远没有解决，现在就贸然地欢呼庆祝胜利还为时过早。其中一个最容易为人们所熟知的问题就是我们前面谈到过的我国制造业的困境。我们制造业出口大量的低端产品，技术含量不高等，都是为人们所诟病的，而我认为最重要的还是我们的制造出口企业的创新能力和创新精神。

但是经过2008年的出口危机，我们大多数企业认识到这个问题了吗？似乎还远远没有，即使认识到了也还没有努力去改变。虽然我们官方报道的创新的典型很多，但是我看里面是有很多“水货”的。很多所谓的“创新”往往就是企业从高校请一些无良的教授和所谓的专家，去科技厅等政府单位请一些官员，然后大家一起聚一聚，吃顿饭，娱乐娱乐，然后就得出所谓的鉴定结论，说什么“已经达到世界先进水平”“高新技术项目”等，接着就是企业享受某些优惠政策，当然那些“砖家”和官员也能从中分一杯羹，可谓皆大欢喜。于是这样一级一级往上哄，一直哄到国务院，上面的人一看：嘿！不错嘛，我们企业的创新大有起色嘛！对此，我归结为一句话：自欺欺人！

还有一个问题就是我们的出口企业的地域分布、出口的目标市场以及出口产品的结构都过于集中。出口企业基本都位于长三角、珠三角等地，目标市场大多集中在欧美国家，产品又是那几大类产品：纺织、机电、玩具，等等。这些基本情况就决定了我们的出口抗风险能力会非常弱，虽然现在经济危机已过去，但是未来一旦有什么难以预测的事情发生，那时我们的出口会怎么样？是不是还是像2008年那样或是更糟？所以，我们的一些企业迁到内地，不仅能降低成本、减少地区差距，而且能分散风险，使资源更合理配置。最理想的情况是，全国各地根据自身特点打造不同类型的企业，这样“东方不亮西方亮”，能大大分散整体风险。其次，我们还应该大力开拓非洲市场、中东市场、拉美市场等，这样某些地区出现较大的动荡也不会对我国的整体出口产生严重的影响。

还有就是我们的出口产品的结构问题了，我们自然还需要在劳动密集型产品上继续保持优势，但同时我们还应该尽力在技术密集型、资本密集型产品上有选择地进行突破，为未来经济结构的彻底转型做好准备。而且，我们可能忽视的一个很重要的方面，那就是服务。大家可以发现，我们的出口基本上都是有形的产品，其实服务这种无形产品也是可以出口的。在这方面，美国佬就做得比较好，虽然他们的整体外贸年年赤字，但是他们的服务贸易几乎一直是出口大于进口。那么什么是服务贸易呢？一个简单的例子就是现在很多中国的"有志青年"在考的各种外语考试，比如托福、GRE等，这就是美国向我们提供的考试服务，这也是他们的出口！所以，大家会发现，服务其实是一个很好的"无烟产业"，不但能拉动经济，而且没有副作用，用电脑批改批改中国学生的卷子就能赚大钱，你说轻松不轻松？那么我们有没有出口服务的潜力呢？当然有！我们中国的文化博大精深，我们的电影、电视等完全可以向外输出，关键就看我们自己想不想做、怎么做了。

我还有一点忧虑的就是本章一开始我们举的数据："我们的高新技术产品占总出口的比重达到29%"。你可能会很疑惑，这不是很好吗？然而大家要明白，我们的出口就一定意味着是我们自己的吗？外商设在中国的企业的出口也同样算在了我们的账上，但是其中的利润都被外商拿走了，所以我们最后得到的仅仅就是那个虚名。那么这29%里面有多少是我们自己的企业贡献出来的呢？很少！外商基本上控制了这一部分份额。

那么我们有理由相信，要是哪天外商感觉在中国不如意了，是不是很有可能就去其他地方投资了呢？到时候我们的出口都有什么？外资的高新技术企业大量进入我国，给我们本国同类企业的成长造成很大的竞争压力。如果最后外资完全控制了那一块最诱人的蛋糕，我们中国的企业将何去何从？

综合上面这几点，我们的外贸距离真正的强大还差得太远，还有很长很长的路要走。很多问题都需要我们不断去面对、去解决，我们只有从前方的曙光中看到隐藏的危机，今后的路才能走得更顺畅。

第十七章
冷眼看贸易争端

在现代社会中，想要看到几个国家相互之间掐架打仗已经很不容易了，一是因为大家都比以前更加理智、冷静了，其次也是因为打仗代价太大，实在是打不起啊！但是，在另一个领域——国际贸易中，那些没有硝烟的战争已经打得如火如荼了。说轻一点，叫作“贸易争端”“贸易摩擦”，说重一点，完全可以称为“贸易战争”。

2009年，肆虐全球的金融危机未见消退，贸易保护主义却愈演愈烈了。不少国家相继抬高了进口的贸易壁垒，希望本国市场能最大限度消化掉本国产品，以此帮助本国经济恢复增长。例如：印度宣布对进口豆油开征20%的进口税；印度尼西亚宣布对至少500项产品实施进口管制；俄罗斯、巴西和阿根廷也纷纷调高部分产品的进口关税；法国酝酿设立国家基金，防止本国企业被外企并购。贸易保护在金融风暴中以燎原之势蔓延全球，五花八门的贸易保护政策真正是你方唱罢我登场，搞得不亦乐乎。

当然，美国作为国际社会的“带头大哥”，其举动最引人注目。2009年2月17日，美国总统奥巴马签署了7870亿美元的经济刺激法案——《2009年美国复苏与再投资法案》，法案中包含两个购买美国货条款：一是要求在由刺激资金支出的公共建筑和公共工程中使用美国生产的钢材、铁和制成品；另一条款要求美国国土安全部购买美国生产的纺织品和服装。“购买美国货”条款率先在欧洲和加拿大引发了抗议风暴，每年这两个地区都要向美国出口大量钢铁。加拿大总理最早公开对该条款表示不满，称将对此事“严重关切”。欧盟贸易代表也说，如果美国国会通过禁用外国产品的振兴经济法案，欧盟“绝不会坐视不理”。

改革开放以来，我国在全球贸易中的地位不断上升，因而也遭遇了最多的贸易争端和摩擦。从1979年至2008年，全球共有38个国家对我国发起过贸易救济调查，案件总数达990件，其中反倾销案件占90%。近千起贸易救济调查涉及国内上万家企业、数千种产品，影响数百亿美元出口，数十万人就业。

从1979年提出第一个反倾销诉讼到1996年，欧盟对中国出口的商品的反倾销调查达60多项，其中大多数案件都以中方败诉而结束。2001年4月17日，日本政府在内阁会议上正式决定：从4月23日起至11月8日的200天里，日本开始对从中国进口的大葱、鲜香菇及灯心草三种农产品实施“紧急限制进口措施”，在限制进口量以内的产品征收3%~6%的关税，超过部分则征收106%~266%的关税。6月22日，中国对日本的贸易保护行为采取相应措施，开始对原产于日本的汽车、手机和空调实施100%的惩罚性关税。中日两国政府和民间的代表分别在北京、上海、多哈、东京为解决贸易争端举行了多次磋商，均无实质性进展。12月11日，中国正式成为世界贸易组织成员。12月21日双方达成共识，日方决定不启动对从中国进口的三种农产品的正式保障措施，中方决定撤销对日本三种商品的特别关税措施，这场争端总算得到化解。

2005年1月1日，全球纺织品配额取消。此后，我国对美国出口激增，国内纺织企业日子一下子好过起来。然而5月，美国政府对中国输入美国的7类纺织品打起了鬼主意，当时的美国商务部长把阻击中国纺织品作为上任打响的“第一炮”。中美之间围绕纺织品问题展开了七轮艰苦的谈判才签署了《中华人民共和国政府与美利坚合众国政府关于纺织品和服装贸易的谅解备忘录》。不过，美国佬注定是不甘寂寞的，紧接着，贸易摩擦又转移到从钢铁到玩具的一系列产品。

小链接1：一个芭比娃娃引发的血案

2007年8月2日，从事玩具生产近30年的香港商人张树鸿做梦也没有想到他的事业会就此终结。这一天，全球最大的玩具供应商，美国美泰公司宣布召回96.7万件已经在美国市场销售出去的芭比娃娃，原因是这些娃娃的细黄眉毛是用铅含量超标的油漆画上去的。

生产这批产品的企业正是张树鸿设在广东佛山的利达玩具厂。产品召回对利达公司的打击是致命的。此前6月13日，因美泰召回150万件玩具火车的另外一家中国生产企业倒闭，原因是火车站牌的停车标志英文“STOP”也是用铅含量超标的油漆印上去的。令张树鸿更加难过的是，某些同行还给他加上了“害群之马”的骂名。撑到8月11日，张树鸿实在撑不下去了，选择了在自己工厂的一角上吊自杀。

张树鸿死则死矣，活下来的其他企业主还得继续面对产品被召回的现实命运，一大批自20世纪80年代以来建起来的玩具生产企业纷纷倒闭。想当初，我国珠三角地区源源不断地接到来自美国的订单，从深圳到东莞、中山和佛山，成百上千家玩具厂在夜以继日地按照美国公司的要求赶工。然而，这一切在2007年美国次贷危机爆发后的几个月内突然停止了，中国大批企业倒闭，大量工人失业。

2007年6月7日，美国6家钢管生产商和美国钢铁工人联合会等7家单位，向美国商务部和美国国际贸易委员会提出诉讼，指控来自中国的标准钢管涉嫌获得中国政府的不当补贴，以低于成本价在美国倾销，希望美国政府发起反倾销反补贴调查。6月28日和7月18日，美国商务部分别开始对中国产标准钢管和薄壁矩形钢管进行反倾销反补贴合并调查。效率非常高，7月30日，美国钢铁协会等4家行业组织公布报告称中国政府在过去10年向钢铁业提供了520亿美元的补贴。此后，美国对中国产的不锈钢焊接压力管、环形碳素管线管、钢制螺杆等多个钢铁产品展开反倾销反补贴合并调查。有落井的，那么在井外的人向井下扔几块大石头自然也是可以理解的。中国产品在遭遇到美国政府围堵的同时，欧盟、加拿大、俄罗斯、乌克兰、阿根廷、墨西哥、印度等国政府也都跟着采取措施限制从中国的进口。

当然按照美国人的性格，这些还远远不是全部，他们哪会这么容易消停？在2009年，中美之间的贸易摩擦最引人注目的无疑就是“中美轮胎特保案”。那么下面就让我们来回顾一下这个曾引发了无数人口水战的“大案要案”。但是我想首先让大家明白“特保”这个词的含义。

小链接2："特保"

大家要知道这个"特保"和我们经常听到的"低保""社保"完全是两码事。"特保"是"特定产品过渡性保障机制"和"特殊保障措施"的简称。《中华人民共和国加入WTO议定书》中第16条规定：中国产品在出口有关WTO成员国时，如果数量增加幅度过大，以至于对这些成员的相关产业造成"严重损害"或构成"严重损害威胁"时，那么这些WTO成员可单独针对中国产品采取保障措施。"特保"实施的期限为2001年12月11日至2013年12月11日。WTO成员还专门针对中国的纺织品设置了特别保障规则。根据该规则，在2005年至2008年，如中国的纺织品出口对WTO成员国市场造成扰乱，该成员国可临时实行限制，但4年内只能用一次，一次只能持续一年。所以，大家可以看出，这个"特保"是有时限的，一过了这个时限，那些WTO成员国就没这个特权了。"有权不用，过期作废"，不用白不用，用了也白用，白用谁不用？

2009年4月20日，美国钢铁工人联合会向美国国际贸易委员会（ITC）提出申请，对中国产乘用车轮胎发起特保调查。其在诉状中声称，从中国大量进口轮胎损害了当地轮胎工业的利益，若不对中国轮胎采取措施，到2009年年底还会有3000名美国工人失去工作。2009年6月29日美国国际贸易委员会以中国轮胎扰乱美国市场为由，建议美国将在现行进口关税（3.4%~4.0%）的基础上，对中国输美乘用车与轻型卡车轮胎连续三年分别加征55%、45%和35%的从价特别关税。根据美国调查程序，在8月7日的听证会后，美国总统将于9月17日前作出是否采取措施的最终决定。此案是奥巴马时代美国首起对华特保案，也是针对中国的最大特保案，可能导致其他国家和地区抵制中国产品。该案也是奥巴马对华贸易政策的风向标。

后来，这个"特保案"得到了通过。美国总统奥巴马在北京时间2009年9月12日宣布，对从中国进口的所有小轿车和轻型卡车轮胎实施为期三年的惩罚性关税。白宫发言人罗伯特吉布斯说，对从中国进口轮胎实施的惩罚性关税税率第一年为35%，第二年为30%，第三年为25%。照这么看，似乎美国已经对我们相当“仁至义尽”了，因为此前美国国际贸易委员会建议对中国产轮胎征收惩罚性关税的幅度分别为55%、45%和35%。

当然，现在的中国已经不是那个100年前的中国了，面对美国挥舞的大棒，我们对此进行了积极的反击。毛主席说过：“人不犯我，我不犯人；人若犯我，我必犯人。”但是我们之前很长时间却在一直践行着“人不犯我，我不犯人；人若犯我，我必骂人”的宗旨，这一次难得看到我国政府雄起了一把，那一刻我泪流满面。

我国商务部收到国内产业申请，反映美国部分进口汽车产品和肉鸡产品以倾销、补贴等不公平贸易方式进入我国市场，对我们国内产业造成冲击，要求商务部发起反倾销和反补贴调查。中华人民共和国商务部2009年9月13日毅然作出决定，对上述产品启动反倾销和反补贴立案审查程序。商务部有关负责人同时指出：“中国一贯坚决反对贸易保护主义。美国金融危机以来，中国以自己的实际行动证明了这一点。中国愿继续与世界各国共同行动，推动世界经济尽快复苏。”反抽人家一个耳光，还要说自己实际上是爱好和平的，这听着似乎有点流氓，但是要对付流氓就得用流氓的方式。

为什么美国佬是盯着我们不放呢？最直接的原因还在于中美贸易的不平衡。1979年中美建交的时候，两国双边贸易额约为25亿美元，到1996年，美国统计的双边贸易额达到了635亿美元，比建交时增加了25倍多，美方逆差达395亿美元。再经过10年的发展，中美贸易又跨上了新台阶。2006年美方统计双边贸易总额为3440亿美元，比10年前增加了4倍多，其中美国逆差2326亿美元，占美国全部贸易逆差的29%。2007年，美国对华逆差达到了2562.1亿美元，占同期美国全部贸易逆差的32.2%。2008年，对华逆差扩大到2663.3亿美元，占同期逆差的33.3%。可以看到，中美贸易规模和美国对华逆差的规模都是呈上升趋势的。

这种巨大的贸易逆差造成了一度自信的美国人心理极度不平衡，对美国人“单纯”的心灵造成了深深的伤害，也成为美国挑起摩擦的重要理由。但仔细分析中美贸易的内在结构你就会知道，中国从对外贸易中获得的好处其实并不是像数字显示的那么多。之前大家已经知道了我国基本上处于产业链的末端，也就是制造环节，使得国际贸易中许多商品打上了“中国制造”的标签。听上去似乎是制造业大国了，其实远非如此。我国进口产品中大部分为原材料和半成品，而出口产品大部分为制成品。比如2006年中国加工贸易进口占进口总额的40.7%，为3214.9亿美元；加工贸易出口占出口总额的52.7%，为5103.7亿美元；出口比进口多出1888.8亿美元——这一部分就是在中国增值的部分，它大概与我们的贸易顺差总额相近。但是这一部分也不是完全由我们获得的，比如对美出口加工贸易中，有的半成品来自美国，由美国在中国的企业完成生产；有的来自日本、韩国、东盟和欧盟等，由这些国家和地区在中国的企业完成生产。这样就使得原本属于美国和上述国家和地区的贸易逆差都算在了中国的头上，但是其中形成的利润都被在中国的外国企业获得，这其中自然也包括美国企业。由此可见，在中国对美国的出口中，中国得到的利润是很少的，绝大部分贸易顺差中含有水分。

在贸易自由化和经济全球化程度已经很高的今天，资本、货物和服务流动的速度不断加快，特别是生产的国际化分工使得产品的属性很难按国家来划分。中美两国都是大国，产业结构有着很强的互补性，相互之间的依赖越来越强。而且即使我国从美国得到了大量的贸易顺差，那些多余的外汇储备大多也都用来买美国的国库券了。以2005年为例，美国为国库券支付了4.24%的利息（这个相对于其他国家国库券的利息率已经不算低了，所以我们才大量买美国国库券），但同时美国海外投资的收益则高达8.5%，美国从两者差额中赚得的钱基本能使其国际账户保持平衡。美国从贸易中得到的更大的好处在于，通过源源不断来自中国的廉价消费品，极大地改善了美国人的生活水平。美国新闻媒体认为，过去10年中国质优价廉的产品使美国消费者节省了6000多亿美元。根据美中贸易委员会的研究，到2010年，中美的经贸合作可使美国GDP增长提高0.7%、物价水平下降0.8%、每个家庭可支配收入增加1000美元、制造业生产率提高0.3%。当然，中国也可以从中获得利益——不然我们辛辛苦苦搞外贸干啥？对国外市场的大量出口，可以带动我国经济的发展和缓解我国严峻的就业形势。

那么既然贸易总体来说对双方都是有利的，为什么还会有这么多贸易摩擦呢？要看清这个问题，很重要的一点就是，我们应该明白一个哲学问题：整体利益和局部利益的关系。

大家应该能明白其实在美国也绝不是铁板一块，美利坚合众国本来就是许多个州联合起来组成的一个国家。在美国国内，许多人会去从事不同的行业，他们有各自不同的利益，虽然他们都顶着一个“美国人”的头衔。美国有穷人也有富人，美国有工人也有企业主，他们的利益有时候是冲突的。俗话说，“天下熙熙，皆为利来；天下攘攘，皆为利往”。你要求这种老牌资本主义国家的国民都严格按照国家整体利益行事，那基本是幻想，绝大多数人最能听得懂的话就是：我能有什么好处？

就比如说在美国生产轮胎的企业里工作的工人，如果来自中国的轮胎充斥美国，将会威胁到他们的饭碗，他们自然是支持那个轮胎“特保案”的。但是那些买车的家庭可能会因为不能再享受中国廉价的轮胎而要花费更多的美元，他们从自身利益出发肯定是反对贸易保护的。那么美国政府面对这种状况会怎么办呢？

按照一般人的想法估计是这样的：美国政府会比较贸易保护对轮胎工人产生的利益和对普通消费者造成的损失哪个大，最终会选择对整个美国最有利的方案。自然，理想的政府是应该这么做的，他们代表的应该是全体国民的利益，而不是一小部分轮胎工人的利益。

显然大量消费者的利益总和要远大于轮胎工人的利益，但是美国政府最终通过了这个“特保案”，它们为什么要这样做？

我们要理解，虽然那一小部分工人和企业主绝不代表美国的整体利益，但是这个事情关系到他们切身的重大利益，关系到饭碗问题，所以自然会有一种强烈的动机来威胁、游说美国政府对中国产轮胎进行阻击。而消费者一方呢？虽然他们人数众多，却是一盘散沙，这个提案通不通过对他们个人影响并不那么大，所以自然也没什么强烈的意愿来关心这件事情。他们所希望的是其他人能够为了他们的利益奋起反抗，自己能够搭这个便车——想法虽然是好的，但是正是这样一种“囚徒困境”造成了消费者的整体失语。

那么美国政府、美国总统，一边面对着气势汹汹的工人，一边面对着沉默的大多数，他们会怎么选择自然可想而知了——那些人手上可是握着选票的，政府也好，总统也罢，他们都不是圣人，他们也有自己的私利。这也就是为什么虽然我们一直高喊“局部利益服从整体利益”，而事实上却往往是整体利益为局部利益让路，民意“被代表”的原因。

在本章的最后，我们来了解一下贸易争端的仲裁机构——世界贸易组织的一些基本情况。

1947年底，美国等23个国家在日内瓦签订了关税和贸易总协定（GATT），宗旨是达成互惠互利的安排，以求大幅度削减关税和其他贸易壁垒，消除国际贸易中的歧视待遇，推行贸易自由化。后来关贸总协定的影响力越来越大，有越来越多的新成员加入，到1985年，正式成员已有90个，参加关贸总协定的国家和地区的总贸易额占世界贸易额的80%以上。

1994年12月12日，关贸总协定128个缔约方在日内瓦举行最后一次会议，宣告从1995年1月1日起，关贸总协定过渡到世界贸易组织（WTO）。世界贸易组织独立于联合国之外，它所管理的贸易范围大大超过了关贸总协定。世界贸易组织协定除了适用于原来的货物贸易，还适用服务贸易和知识产权贸易。因而，世界贸易组织也成为解决国际贸易、投资和知识产权争端的最高权威机构。

我国曾是关贸总协定的创始会员国之一，参加过关贸总协定的谈判和签字。但1950年3月，台湾当局宣布退出关贸总协定。自1986年开始，我国花了15年时间申请重返关贸总协定和加入世界贸易组织。1995年世界贸易组织成立后，中国成为观察员，2001年成为第143个正式成员。截至2008年7月，世界贸易组织成员总数达到153个，成员总贸易额占全球贸易的95%。

关贸总协定和世界贸易组织规则的制订实行协商一致的原则，好处是能够保证弱小成员的意见不被忽略，缺点是谈判效率很低。当一国或地区申请加入世界贸易组织时，老成员就会一致地要求申请者开放商品或服务市场，一旦被接受为新成员，就可享受和其他成员一样的权利。世界贸易组织坚持非歧视原则，成员之间相互给予最惠国待遇和国民待遇。世界贸易组织成员在所有成员中享受多边的、无条件的和稳定的最惠国待遇，发展中国家可享受大多数优惠或过渡期安排。世界贸易组织在调解成员争端方面具有绝对的权威，根据各成员的承诺，在成员之间发生贸易争端时，当事各方都不得采取单边报复行为，而必须通过世界贸易组织争端解决机制寻求解决，并遵守世界贸易组织作出的裁决。

小链接3：最惠国待遇和国民待遇

最惠国待遇是国际经济贸易关系中常用的一项制度，是国与国之间根据某些条约规定的条文，在进出口贸易、税收、通航等方面相互给予优惠利益、提供必要方便、享受某些特权等方面的一项制度，又称“无歧视待遇”。它通常指的是缔约国双方在通商、航海、关税、公民法律地位等方面相互给予的不低于现时或将来给予任何第三国的优惠、特权或豁免待遇。

国民待遇又称平等待遇，要求外国公民、企业、船舶在民事方面与本国公民、企业、船舶享有同等的待遇。国民待遇必须对等，不得损害对方国家的经济主权，并只应限于一定范围。

世界贸易组织在调解成员争端方面具有绝对的权威，成员方出现无法协商解决的争端时，只能请求世界贸易组织裁决。各成员必须严格执行世界贸易组织的裁决，否则将面临世界贸易组织授权的严厉报复。世界贸易组织的争端解决程序很复杂，在这里我们也没有必要详细了解。其实说到底，这种谈判、调解跟我们在菜市场讨价还价没什么本质区别：

“2块一斤行不行？”

“太贵了你，1块怎么样？”

“1块我亏本啊，这样吧，1块5，大家都让一步。”

“1块2，再高我就不要了，那边还有人卖得更便宜呢！”

“好，成交！其实我没有赚头的啦……”

现实情况大抵就是如此。事实上国家行为和个人行为没什么两样。

有句话说，有人的地方就有争斗。可以断定，只要还没有实现世界大同，只要还有不同的利益冲突，贸易争端将永远伴随我们，我们应该对此有充分的心理准备。

第十八章
“行”“水”之争

这部分的最后一章，我们来聊一聊一个轻松点的话题，那就是关于“行货”和“水货”。在前些年，我估计绝大部分人都没听说过“水货”这个词，所以这自然就不成为一个问题了。但是如今，国内市场上的水货是越来越多了，它们不但质量过得去，价格更是亲民，引得很多人对此蠢蠢欲动。那么这些“水货”是从哪里来的呢?

我们首先要知道什么是行货。行货就是得到生产厂商的认可，由某个商家取得代理权，或者直接由该生产厂商的分支机构在某个指定的地区进行销售的产品。简单地说吧，一般你所能看到的绝大部分商品基本上都算是“行货”。

相对应的，水货就是指某国家或地区没有经过原生产厂家所指定的销售代理而进行销售的产品，国内的水货一般是由国外或港澳台地区不经过正常海关渠道进入的，一般没有国内厂商保修许可。

理论上说，水货可以包括任何产品，但是目前大陆的水货以手机、电脑等电子产品为主。很多人可能会认为水货的质量不过关，估计是受到了当下的一些流行语的影响，比如：嗨，哥们儿，你太“水”了，这都不会!

其实，无论是行货还是水货，都是正规厂家生产出来的，甚至都经过同样的生产线、同样的设备、同样的检测机构。“本是同根生”，但是目前在市场上却是“相煎何太急”啊!

所以，水货的质量绝对是没有任何问题的，跟那些冒牌产品、“山寨”产品是有着本质的区别的。水货并不是不合法的产品，仅仅是没有正式的销售代理商，因此售后服务往往没有保障，而且像电子产品的驱动程序、说明书和操作系统的语言版本、甚至电源插头的构造等往往随着销售地区的不同而不同。如果你买过从香港来的水货笔记本电脑，你可能会发现它的电源插座在国内很难找到匹配的，需要一个电源的转接口。顺便提一句，本人用的电脑和手机都是水货，至于我为什么用水货，后面我们会谈到，其中可是有相当的经济学道理的哦！

有时候，行货的代理商为了生存，会采取打击水货的手段，不为水货提供保修和售后服务就是最常见的一招。但是水货也不是一定没有保修，比如现在国内有部分水货手机是经香港过来的，提供正规的机打发票，那么这款手机可以在中国大陆享受行货一样的质保服务。同时，像有些水货的销售商，为了招揽顾客，他们往往会承诺提供“店铺保修”，就是你的东西一旦出问题了，你可以把它带到销售商那儿，那边可能会有比较专业的技术人员帮你检修。

那么为什么叫水货呢？“水货”一词的由来，是因为早期走私者为逃避关税等原因，将国外船运过来的商品用塑料袋等密封好后投入约定的浅海中，再从陆上坐小船到该地点将货物取走（真是聪明！看来为了利润，人类的创造力是无限的）。看来水货最早是指走私货，但是现在这个概念已经不太确切了。我们这儿谈到的水货指的不是走私货，而是指该产品在某国家或地区没有原生产厂家所指定的销售代理，或是生产厂商根本就不向该市场销售此产品。

那么我们大陆市场上那些大量的水货产品是从哪儿来的呢？又是怎么过来的呢？现在大陆卖的水货，量最大的毫无疑问就是手机，我们就以手机为例来一探究竟。

首先，它们的进货地是我国的香港。虽说我国早已对香港行使主权，但它毕竟还是一个“特别行政区”，所以它的体制和我们大陆还是很不一样。香港是一个自由贸易港，正因如此很多国外的手机运营商或是厂商的清仓货就通过这个自由贸易港“转战”到内地。在香港，成立一个贸易公司太容易了，所以很多人成立了贸易公司，手机就是他们“主打”的产品之一。这些所谓的“公司”也不干啥，每天做的事情就是收传真，为什么呢？例如国外的厂商手头上要出一批货，或是某移动运营商（如欧洲的沃达丰）又有多少库存了等，这些公司都有专门的处理部门，他们将这些信息发到世界各地，香港就是其中一个。

香港的这些公司收到这些传真后，就会联系相应货物的接手人（先找好买家），找到接手人谈妥条件签了合同之后，贸易公司就会联系货主，在预定的时间发货到香港。在这中间，贸易公司起到了一个中介的作用，有点类似于“空手套白狼”的感觉。当接手人收到货之后，这个环节就算结束了。接下来就开始了故事中比较“惊心动魄”的一段：从香港过关到深圳。

由于香港地方不大，人口也不多，而且移动运营商的竞争很激烈，水货手机在当地需求量并不大。既然当地无法消化，自然要找“泄洪”的目的地，毫无疑问，那就是中国内地。但是又由于关税的原因，水货无法也不想通过正当的海关渠道来进入内地市场。那怎么办呢？

说到这儿，你就又不得不佩服我们中国人的聪明、毅力和勇气了。最傻最土的办法是在靠近关口的地方打地洞——对“打洞”这一招，古代我知道的就是用在盗墓上，而现代有人把它用在盗窃上，我已经觉得很惊奇了，但是想不到这招居然还有这么广泛的应用。这虽然并不高明，工程量也较大，绝对是个体力活，但是一旦打通的话，之后的利润就非常可观了。还有一种更彪悍的就是配备比海关更先进的飞艇直接批量运到深圳。这种方法实在太拉风了，要是没有相当的实力也就只能是憧憬一下而已。而且随着我们的海关与时俱进，打击力度的加强，这种方法用得越来越少了。

现在普遍使用的方法大概是这样的：香港一些“过关”公司（牛！居然还发展出这么一个产业）和批发商签订合同，这些“过关”公司就会让他们的成员或是临时工，把手机单机（指的是除去手机包装、充电器、配件外的裸机）捆绑在身上，例如绑在腿上、腰上等部位，就这样每天多次来回罗湖口岸，每次携带大约30~50部（这得多难受啊，可见挣点钱还真不容易啊）。就是通过这种蚂蚁搬家的模式，大批量“走私”到内地。而包装、充电器、配件等则通过普通的货运直接运输到深圳，然后包装再和手机配套，这也就是水货手机上的IMEI码和包装上的对不上的原因。

还要顺便提一句的是，这些“过关”公司是非常专业的，合同上面都会注明每次“偷运”的成功率是多少，低于这个成功率的将由“过关”公司赔偿。看看，你瞧瞧人家那服务态度！正是有这么多勤勤恳恳的人在为我们服务，我们才能享受到质优价廉的水货啊！

其实要说是“偷运”，也不太确切，海关的人其实早就知道那点破事了。你想，那帮子人来来回回地在这么过关，哪还能不被察觉的？至少能混个脸熟不是？连我都知道了其中的道道，你要说我们的海关人员不知道，那真是侮辱了我们新中国海关人员的智商。不过一般海关的人也都睁只眼闭只眼，毕竟大家都不容易，混口饭吃嘛，还是为自己积点德吧。

水货到了深圳这个驿站，那就算是鲤鱼过龙门了，就成了正儿八经的商品，那就真的是“海阔凭鱼跃，天高任鸟飞”了。由于有着靠近香港的这种地理优势，深圳也就自然成了内地最大的水货批发地，而著名的华强北路就是深圳最大的水货手机批发市场。

在这个水货手机批发市场，有来自全国各地的批发商聚集，几乎所有内地销售的水货手机都是从这个商场发出去的。然后又从当地批发商处逐级流到最终的经销商处，而消费者就是在这些经销商处购买水货手机的。不过现在有实力的经销商一般都自己直接到深圳拿货，这样可以免去中间几个环节的费用。

水货就是通过这种方式在内地蔓延开来的。凭借着不少商家的诚信经营，水货越来越被人们接受，对行货产生了很大的冲击，引发了所谓的“行”“水”之争。那么水货为何能够“星星之火，可以燎原”呢？其相比于行货有什么吸引力呢？

由前面的叙述，我们可以知道水货的质量和行货应该大致是一样的，只不过水货可能具有某些行货所没有的特性或功能。比如水货的智能手机一般都具有WIFI无线上网功能，这大大方便了那些手机玩家，而同样的行货手机由于我国的限制则极少内置WIFI功能，原因是WIFI标准和我国的WAPI标准是竞争的，其间有一段复杂的“恩怨情仇”。

而且，虽然现在有很多水货的经销商承诺给水货保修，但是总归不如行货那么方便和令人心安。所以从这些方面看来，水货应该在与行货的竞争中处于劣势啊。但是，如果我说出水货的一个最大优势，相信你一定会恍然大悟的。

价格！水货要比行货便宜，而且不是一星半点！

毕竟，对于绝大部分消费者而言，价格是选购某一种商品的最主要的考虑因素，便宜才是硬道理啊！那么水货产品到底有多便宜呢？

一般说来，水货的价格往往要比行货的同类产品低10%~20%，对部分高档产品而言这个比例甚至达到30%，这对于像手机、笔记本电脑这类动辄几千甚至上万元的产品而言，可不是一个小数目。我们以某个时期的手机为例，给大家一个直观的感受：

比如诺基亚的N78这款手机，行货价格是2550元，水货价格是2090元，两者相差460元；索尼爱立信C902c这款手机，行货价格3498元，水货价格2790元，两者相差708元；多普达Touch Diamond这款手机，行货价格4399元，水货价格3600元，两者相差799元……

那么为什么水货的价格比行货低这么多？考虑到水货通过深圳罗湖口岸“艰苦卓绝”的过程——挖地道、蚂蚁搬家等，那就更不可思议了。要知道那些香港的贸易公司、无畏的“过关”公司成员、“诚信可靠”的经销商等，他们都不是什么善茬，他们也有老婆孩子要养活，投身于这个有一定风险的行业是为了得到利润而已。而即使经过他们这层层盘剥，水货的价格还要比行货便宜不少，那么这就只有一个解释：原本水货的价格就比行货便宜好多，也就是说，两种几乎一样的商品通过正常的渠道在不同的市场上（大陆市场、港澳台市场与国外市场）的销售价格相差很大！

很多水货和行货一样都是在中国内地的工厂生产的，生产条件、生产成本完全一样。而且你仔细分析会发现这里还存在着这样一种比较搞笑又似乎很难理解的现象：在广东生产的某品牌的手机，出厂后经过深圳“出关”到香港；而在香港又通过“过关”公司被运到深圳，然后作为“水货”销往全国各地。就这么去香港“游行”一圈回来居然还要比从广东的工厂生产线上下来直接销售的“行货”便宜不少！

其实这个看起来很无厘头的事例包含着很深的经济学道理。那么下面就让我们来看看其中有什么奥秘吧！

可能我们大部分人的印象里厂商应该是这样定价的：先算出平均生产一件商品大致需要多少成本，然后在成本的基础上加上一定的利润作为最后的定价。如果按照这样的逻辑，行货和水货是不应该有这么大的价差的，也就是同样的产品在不同的市场应该有差不多的价格。但是经济学告诉我们，具有一定市场势力的生产者是不可能这么定价的。什么叫“有一定市场势力”呢？这说的是他们的产品和其他厂家的产品并不是完全同质，是有一定的差异的，即他们所在的市场不是完全竞争市场，而是垄断竞争市场，在这个市场里，有好几家实力相近的企业竞争，每一家都有自己一定的“市场势力”，他们的定价方案都能较明显影响其他厂家的销量，同时自身销量也较容易受其他厂家影响。手机、笔记本电脑等市场就是典型的这种垄断竞争市场。

那么，它们是如何定价的呢？厂商定价的一个最大原则就是利润最大化，在经济学上可以很容易推导出利润最大化的条件就是：边际成本等于边际收益。边际成本指的是多生产一单位量的产品，所需要增加的成本；边际收益指的是多销售一单位量的产品所能增加的收入，这里要注意的是，这里的边际收益不是简单的单位产量乘以单价，因为你要更多销售产品，往往需要降低产品售价。这条描述产品价格和需求量之间关系的曲线就是大名鼎鼎的“需求曲线”。厂商在定价之前首先要估计这个市场的需求曲线是什么样子的，然后根据边际成本等于边际收益确定在这个市场的销售量，并根据这个销售量在需求曲线上找到那个使市场“均衡”的价格点。这个“需求曲线”受很多方面因素的影响，比如市场规模、消费者收入、消费者偏好、竞争者的情况等。

因此，即使行货和水货都是一个工厂生产的，它们的成本（边际成本）完全一样，但是由于它们面对的市场情况不一样，企业为了达到利润最大化，在不同市场的定价不一致甚至相差很多，就成为了一种逻辑上的必然。这也就能够解释为什么同样的手机、同样的笔记本电脑在香港市场和美国市场卖得比我们国内市场便宜——当然导致这种价格不同的因素还有很多，但是我们这里讲的绝对是非常重要的一个方面。

当然这种不同市场的差别定价有一个前提条件，就是能够防止“套利”行为。所谓套利，就是有人在定价低的市场上买进，运到定价高的市场卖出的行为。两个市场的隔离程度越好，这种差别定价就越容易实现。因此，不同国家之间的差别定价就很普遍，但是在一国内部就比较困难了。比如河南省和福建省，由于两者的市场环境还是有比较大差别的，理论上来说厂商也应该采取差别定价的策略，但是显然要从河南把产品运到福建要远比从深圳“过关”容易得多，所以商家不得不放弃差别定价，这两个市场上产品的价格就不会相差太多。

最后我们可以引出一个在国际贸易中经常用到的词——倾销。从经济学上看，倾销其实就是指厂商在出口市场上以比国内更低的价格销售其产品。这个定义丝毫未提及“以低于成本的价格进行销售”——这是一般人所谓的倾销的含义。所以，经济学家只是把倾销简单看成上面提及的差别定价——也叫价格歧视。不知怎么搞的，“倾销”现在居然成了“以低于成本价销售的恶意竞争策略”的代名词。

大家都知道，联想在国内卖的笔记本价格要比在美国卖得还贵，对此有很多人都大骂联想愚蠢、忘本、胳膊肘子往外拐。但是我想联想作为一个有名的国际化的企业集团，它里面的人应该不会太没脑子。联想肯定有一帮精英整天在研究如何定价，总之肯定是为了集团利润的最大化才实行这种差别定价的。作为一个企业，追求利润最大化本是无可厚非的，所以我们也不要太在意自己被歧视了一把。你不满意可以不买联想的“行货”，买其他品牌嘛，还可以积极考虑一下“水货”嘛！我想，当联想发现市场环境的变化时，它们会重新积极考虑如何定价的。

总之，“行”“水”之争就是由这种差别定价引起的，只要这种价差还存在，行货就会始终面临水货的围攻。当然，现在有某些无良商家为了利润是啥都能干得出来的，比如对水货进行一番改头换面（换说明书、换外壳之类的小把戏）之后把它当行货卖，或者把山寨的、翻新的当水货卖，以此来牟取暴利。这也导致了目前水货市场鱼目混珠的情况，一些没有经验的顾客买水货还是有相当风险的。所以到底选行货还是水货，风险还是价格，要根据自身的实际情况来确定。